Das grosse Kochbuch

Fisch-Spezialitäten

Das grosse Kochbuch

Fisch-Spezialitäten

XENOS Verlagsgesellschaft m.b.H.
Hamburg

ISBN 3-8212-0232-7

Verlag und Herausgeber der deutschen Ausgabe:
XENOS Verlagsgesellschaft m.b.H., Am Hehsel 42, 2000 Hamburg 63
Gestaltung des Schutzumschlages: Künne & Künne Werbeagentur, Hamburg, unter Verwendung des englischen Umschlags
Übersetzung aus dem englischen: Paul Bewicke
Printed in Italy

Inhalt

Einleitung

Gebackener Fisch

EINLEITUNG

Es ist immer wieder erstaunlich, wie oft Leute sich in einem Restaurant ein Fischgericht bestellen und doch davor zurückschrecken, diese relativ einfache Kost zu Hause zuzubereiten. Sie erfordert wirklich keinen großen Aufwand: Der Fisch wird gegrillt, pochiert, gedünstet oder im Ofen zubereitet. Den unliebsamen Teil der Vorbereitung nimmt heutzutage jedes Fachgeschäft dem Verbraucher ab. Bei Fischgerichten gibt es eigentlich auch gar keine Abfälle, denn Knochen, Haut und Kopf eignen sich hervorragend für die Zubereitung von Fischsud. Häufig ist es gerade die Brühe, die das Zubereiten von Fisch so schwierig erscheinen läßt. In Wirklichkeit braucht man dafür nur Minuten, und außerdem intensivieren und verfeinern sie den delikaten Geschmack enorm. Und schließlich läßt sich Fisch in der Regel schneller zubereiten als Fleisch.

Es gibt heute eine so große Vielzahl an Fischsorten auf dem Markt, daß der Käufer die Qual der Wahl hat. Meistens bleibt der Koch bei den Sorten, die ihm vertraut sind. Ein wenig experimentieren würde nicht schaden, im Gegenteil, so kann man etwas Abwechslung ins tägliche Menü bringen. Inzwischen gibt es ein breites Angebot an tiefgefrorenen Fischen. Der Fisch wird meistens bereits nach dem Fang auf See eingefroren und hält sich somit frisch bis zum Zeitpunkt des Auftauens.

Teure Fischsorten, wie Lachs, Steinbutt und Heilbutt sind ihr Geld wert, denn da sie sehr nahrhaft und ergiebig sind, erübrigt es sich, große Mengen zu kaufen. Schalentiere sind vielseitig zu verwenden, sehr nahrhaft und überraschend einfach in der Zubereitung, falls man noch neu auf dem Gebiet der Fischzubereitung ist. Ein gutes Fachgeschäft berät Sie gern und erledigt die Vorbereitungsarbeiten für Sie.

Fischfleisch enthält viele wertvolle und leicht verdauliche Eiweißstoffe, wichtige Mineralsalze und Vitamine. Fisch ist gewöhnlich fettarm (bis auf die sogenannten Fettfische wie Makrele oder Hering) und somit ein echter Kaloriensparer. Man kann sich also sattessen und trotzdem schlank bleiben; die ideale Kost für moderne Menschen.

Der Nährwert von Fischfleisch sieht wie folgt aus: 25% Eiweiß, 22% Fett, 2% Mineralsalze und 85% Wasser. Weißfisch enthält nur sehr wenig Fett — und auch das nur in der Hautschicht, ungefähr 0,5%, während bei Schellfisch und Kabeljau das Fett hauptsächlich in der Leber abgelagert wird. Daher ist das Fleisch von Weißfisch bei Diätkost, in der sehr wenig Fett erwünscht ist, außerordentlich wertvoll. Da Fisch größtenteils ungesättigte Fette enthält, sind selbst sogenannte Fettfische wie Makrele oder Hering hervorragende Energiequellen bei der Ernährung. Neueste Forschungsergebnisse haben gezeigt, daß sogar Fischöl beim Abbau des Cholesterinspiegels im Blut helfen kann. Fisch und Fischöl sind reich an Vitamin A und D, beide für die Gesundheit unerläßlich.

Bei einer Schlankheitskur werden wenig Kohlehydrate konsumiert, so daß der Fisch auch hier eine wichtige Rolle spielt. Allerdings sollten Kalorienzähler auf die leckeren Buttersaucen verzichten und ihren Fisch lieber pochieren oder in Zitronensaft mit frischen Kräutern dünsten. Man bringt dabei keineswegs ein „Opfer", denn am Ende ist der Geschmack genau so fein und pikant. Selbst Leute, die eine zuckerfreie Diät einhalten müssen, können Fisch genießen, solange kein Mehl bei der Zubereitung verwendet wird.

Der Fisch, der in den Rezepten dieses Buches vorkommt, läßt sich häufig mit anderen Sorten austauschen. Obwohl klassische Rezepte vielleicht unangebracht erscheinen, weil sie so „schwer verdaulich" sind, habe ich, wo nur möglich, die Rezepte vereinfacht und einige beliebte Variationen hinzugefügt, die sich langsam zu „kleinen Klassikern", insbesondere auf dem Gebiet der Vorspeisen, entwickeln.

Mittlerweile sind Fisch-Vorspeisen so beliebt, daß der Fisch als Hauptgericht schlichtweg übergangen wird. Dabei eignet er sich hervorragend als Hauptgang bei einem Festessen oder als Mittelpunkt eines Büffets. Bei der Auswahl von Gemüse und des Weines sollte man im übrigen nie den delikaten Fischgeschmack außer Acht lassen. Zu kräftiger Eigengeschmack des Gemüses kann das Aroma des Fisches beeinträchtigen.

AUSWAHL DES FISCHES

Gute Beigaben für Fisch sind Tomaten, Champignons, Erbsen, Prinzeßbohnen, Brokkoli, Möhren, Porree und Kartoffeln. Reis mit Zwiebeln, gehackte Tomaten und Paprika eignen sich ebenfalls als schmackhafte Beilage für ein Fischgericht mit Sauce. Ohne Sauce kann es allerdings eine sehr trockene und uninteressante Angelegenheit werden.

Der Rezeptteil über Saucen in diesem Buch ist sehr wichtig, denn gerade viele einfache Gerichte werden durch die klassischen Saucen zu ausgesprochenen Delikatessen.

Fisch ist sehr nahrhaft und im Vergleich zu anderen eiweißhaltigen Lebensmitteln noch preiswert. Mit Fisch kann man schnell ein Gourmet-Menü zusammenstellen. Es gibt überhaupt keinen Grund, sich vor der Zubereitung von Fisch zu fürchten und unsicher zu sein. Treffen Sie heute die Entscheidung, Ihre täglichen Menüs durch mehr Fischgerichte anzureichern, und Sie werden über das Ergebnis sehr glücklich sein.

DER RICHTIGE EINKAUF

Fisch und Schalentiere müssen frisch sein. Klare, glänzende Augen, festes Fleisch und der frische Geruch sind die Merkmale für frischen Fisch. Nehmen Sie einen leichten salmiakartigen Geruch wahr, lassen Sie die Finger von dem Fisch.

Nach dem Kauf kann der Fisch für kürzere Zeit im Kühlschrank, in ein feuchtes Essigtuch geschlagen, aufbewahrt werden. Nicht länger als 24 Stunden vor dem Verzehr lagern.

DIE VORBEREITUNG

Fisch schmeckt am besten, wenn er sofort nach dem Einkauf oder Fang zubereitet wird. Wird er im Sud gegart, sollte man ihn darin abkühlen lassen.

Wenn Sie den Wunsch äußern, wird Ihnen auch jeder gute Fachhändler den Fisch für die gewünschte Zubereitungsart fachmännisch vorbereiten (Ausnehmen, Schuppen, Entgräten und Filetieren).

Schuppen: Fisch mit einem sauberen Küchentuch oder Küchenkrepp am Schwanzende festhalten und mit dem flachgehaltenen Küchenmesser vom Schwanz- zum Kopfende hin schuppen. Unter fließendem Wasser gründlich abspülen.

SÄUBERN UND FILETIEREN VON PLATTFISCHEN

Hinter dem Kopf auf der dunklen Hautseite einschneiden. Ausnehmen, spülen, abtupfen. Die Rückenflossen abschneiden.
1 Um den Fisch zu filetieren, wird mit einem scharfen Messer am Kopfende in den Rücken eingeschnitten.

2 Das Messer wird entlang der Mittelgräte bis zur Schwanzflosse geführt. Dabei löst sich die eine Fischhälfte mit der Haut von den Gräten.

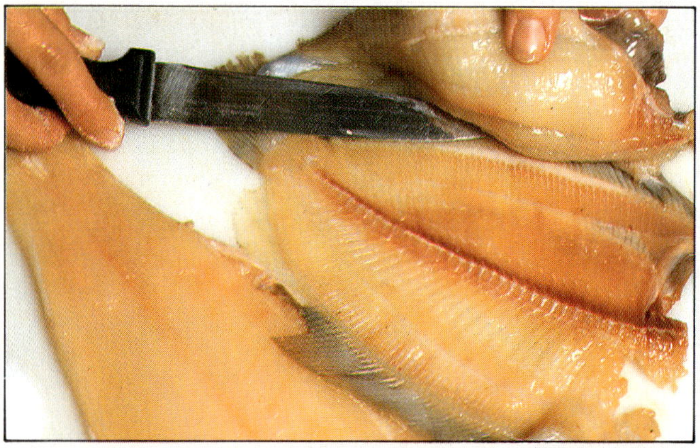

3 Nun wird der Fisch umgedreht und der Vorgang wiederholt. Jetzt ist der Fisch filetiert. Die eine Hälfte hat eine dunkle, die andere eine helle Seite. Die Gräten aufheben und für den Fischsud verwenden.

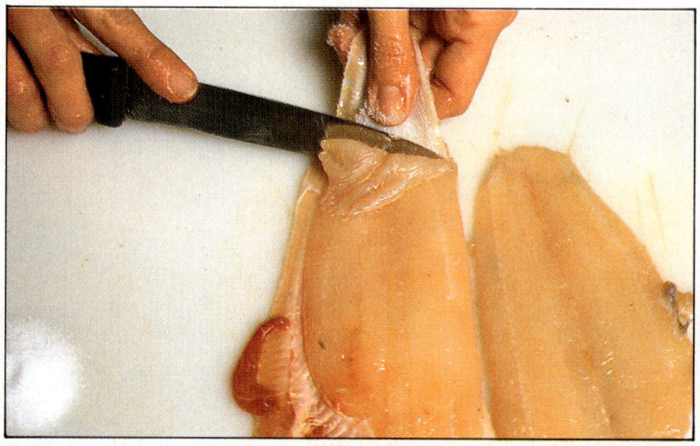

4 Zum Abziehen das Schwanzende des Fisches festhalten und mit einem Messer die Haut am unteren Ende des Fisches lösen, dann in leichter Schräghaltung weiterschieben, um die Haut vom Fleisch zu trennen. Die Haut auch für den Fischsud verwenden.

VORBEREITUNG DES FISCHES

SÄUBERN UND ENTGRÄTEN VON RUNDEM FISCH

1 Wird der Kopf nicht verwendet, wie z. B. bei Makrele und Hering, mit einem scharfen Messer vor dem Entgräten abschneiden.

2 Zum Ausnehmen (mit Kopf) den Fisch unterhalb des Kopfes bis zum Schwanzende hin aufschneiden.

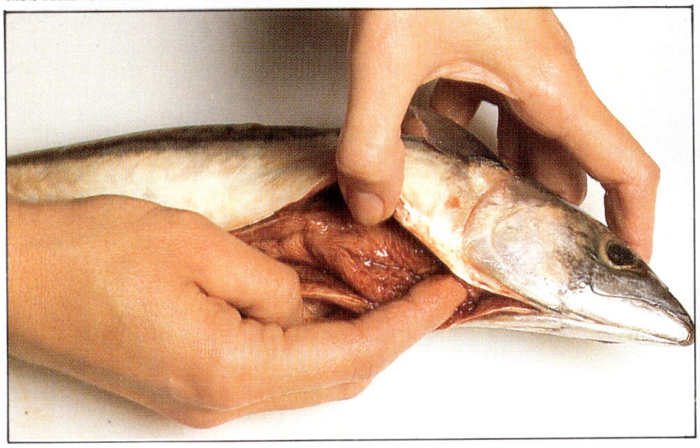

3 Mit dem gekrümmten Finger den Einschnitt entlangfahren und die Eingeweide herausnehmen. Innen und außen gut abspülen. Gummihandschuhe sind hierbei erlaubt.

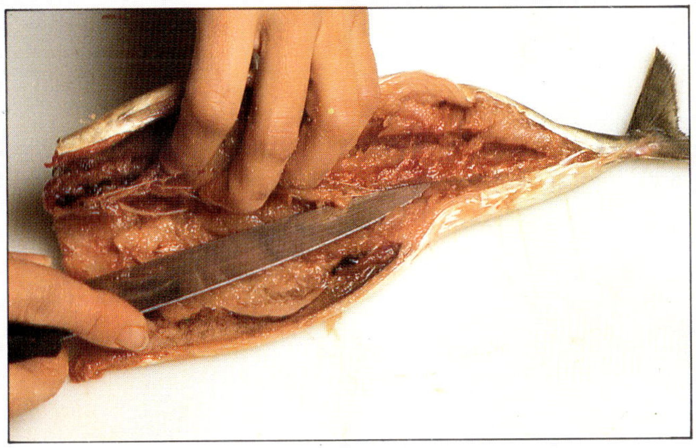

4 Mit einem scharfen Messer den Fisch seitlich aufschneiden, die Gräte freilegen und herausnehmen.

5 Eine andere Methode für den Ungeübten: den Fisch mit der aufgeschnittenen Bauchseite nach unten legen, mit dem Handballen die Rückengräte durchdrücken, um sie zu lösen.

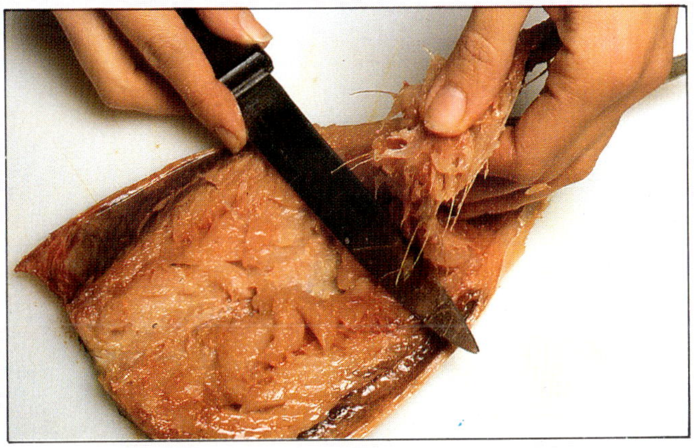

6 Fisch umdrehen, das Messer am Schwanzende ansetzen und unter die Gräte führen und die Rückengräte entlangschieben. Den Fisch abtasten, ob keine Grätensplitter zurückgeblieben sind. Der Fisch kann jetzt zubereitet werden.

ZUBEREITUNGSMETHODEN

BACKEN

Diese Art der Zubereitung erfordert eine gleichmäßige Herdtemperatur. Zieht das Fett in den Fisch ein, wird er geröstet. Das Backen im Herd eignet sich sowohl für ganze Fische als auch für Fischfilets.

1 Schmorpfanne oder Folie werden gern zum Backen im Herd benutzt. Das Backen garantiert die vollkommene Garung des Fisches. Die Flüssigkeit der ersten Garungsstufe ergibt eine geschmackvolle Grundlage für eine Sauce.

2 Ganze Fische werden meist im E-Herd bei 180° C und im Gasherd auf Stufe 4 gebacken.

3 Kleinere Fische und Fischfilets benötigen bei kürzerer Garzeit ungefähr 200° C im E-Herd oder Stufe 6 im Gasherd (s. jeweiliges Rezept).

4 Vor dem Backen wird der Fisch mit etwas Öl oder Fett eingepinselt und unter Zugabe von Fischsud (s. S. 19) oder mit durch Kräuter aromatisierten Wein gegart.

SCHMOREN

Bei dieser Zubereitungsart kann der Fisch entweder im oder auf dem Herd geschmort werden. Unter Zugabe von Gemüse, Sud oder Wein wird der Fisch in einer feuerfesten Form oder einem Topf zubereitet.

1 Nicht vergessen, daß Gemüse eine längere Garzeit hat als Fisch. Daher ist es ratsam, das Gemüse bei schwacher Hitze vorzugaren, bevor der Fisch dazugegeben wird.

2 Diese Art der Zubereitung eignet sich besonders für große Fischstücke, Fischkarbonade und Fischfilets.

ZUBEREITUNGSMETHODEN

MIKROWELLENHERD

Das Kochen im Mikrowellenherd gewährleistet eine schonende Zubereitung unter Beibehaltung des natürlichen Eigengeschmacks und der Flüssigkeit. Es ist eine gute Möglichkeit, den Geschmack und das Aussehen des Fisches zu erhalten.

1 In der Regel empfiehlt es sich, den Fisch im Teller mit Folie, in die Schlitze eingeritzt worden sind, abzudecken.

2 Die schmalen Enden des Fisches werden auf dem Teller zur Mitte hin gelegt. Sie können auch übereinander liegen.

3 Erfordert es das Rezept, daß der Fisch scheibchenweise auseinandergetrennt wird, sollte er solange gekocht werden, bis er gerade fest geworden ist. Läßt man ihn dann noch einige Minuten stehen, läßt er sich so leichter zerlegen.

4 Der gesäuberte Fisch, welcher seine Haut behält, z. B. die Forelle, wird vorher mit etwas Butter eingepinselt. Zusätzliches Fett ist dann nicht mehr erforderlich.

5 Soll der Fisch in einer Sauce zubereitet werden, empfiehlt es sich, diese nach der halben Garzeit dazuzugeben.

6 Fischfilet benötigt bei 500 Watt etwa 9—10 Minuten, bei 600 Watt 7—8 Minuten und bei 650 Watt 6—7 Minuten pro Pfund.

Ganze Fische werden bei 500 Watt in etwa 11—13 Minuten, bei 600 Watt in 8—10 Minuten und bei 650 Watt in 7—9 Minuten pro Pfund gar.

FRITIEREN

Obwohl viele Leute bemüht sind, gebratene Speisen möglichst zu meiden, bleibt das Fritieren eine bewährte und geschmackvolle Zubereitungsart. Besonders geeignet ist sie, um Sardinen, Sprotten und Fischfilets zuzubereiten. Ebenfalls bevorzugt wird sie bei der Zubereitung von Scampi.

1 Um eine knusprige Hülle zu bekommen, muß der Fisch vor dem Fritieren paniert werden. Dadurch wird erreicht, daß das Fritierfett nicht in den Fisch eindringt und der Fisch nicht auseinanderbricht.

2 Das Fett wird zunächst je nach Fischgröße auf 170° C—190° C erhitzt. Es muß heiß sein, damit sich beim Fisch die Poren schließen und der Wohlgeschmack erhalten bleibt.

3 Will man die Hitze ohne Thermometer testen, so läßt man ein Stück altes Brot ins Fett hineinfallen. Taucht es innerhalb einer Minute knusprig und gleichmäßig gebräunt an der Oberfläche wieder auf, so ist der Hitzegrad richtig.

4 Es gibt aber viele Fritiergeräte mit Thermostat auf dem Markt. Sie machen das Ratespiel überflüssig.

5 Wenn Sie einen Fritierer mit Korbeinsatz benutzen, sollten Sie sich vor Unfällen vorsehen. Der Topf darf nur zu zwei Dritteln mit Fett gefüllt sein. Die Gasflamme darf nicht an den Seitenwänden des Topfes hochschlagen. Sollte das Fett trotzdem Feuer fangen, darf zum Löschen kein Wasser benutzt werden. Statt dessen Hitzequelle abschalten und die Flamme mit einem Topfdeckel ersticken. Den Topf möglichst nicht anheben.

ZUBEREITUNGSMETHODEN

DÜNSTEN

Diese Zubereitungsart macht den Fisch leicht verdaulich. Sie eignet sich vorzüglich, um für Babies, Genesende und Leute, die eine Diät durchführen wollen oder unter Verdauungsproblemen leiden, schmackhafte Gerichte zuzubereiten.

1 Der Fisch kann aufgerollt oder in Stücke geschnitten in einem Topfeinsatz im Wasserdampf gegart werden. Sonst kann auch ein Schnellkochtopf benutzt werden.

2 Beim Dünsten im Schnellkochtopf gewähren die Hinweise des Herstellers die besten Ergebnisse.

POCHIEREN

Bei dieser Methode wird der Fisch — meist im Stück, aber auch im Filet — vorsichtig in Flüssigkeit gekocht.

1 Die Flüssigkeit wird in eine Bratpfanne oder einen Topf gegeben, in dem der Fisch genug Platz hat.

2 Als Flüssigkeit wird je nach Rezept Milch, Sud, Wasser oder Wein genommen — meist gewürzt. Der Fisch wird in den Sud gelegt. Bei ganzen Filets wie z. B. geräuchertem Schellfisch darf noch etwas Butter dazugegeben werden.

3 Bitte bei schwacher Hitze pochieren. Wenn die Flüssigkeit zu kochen beginnt, verliert der Fisch an Geschmack und Konsistenz. Der Sud läßt sich bestens als Saucengrundlage benutzen.

ZUBEREITUNGSMETHODEN

GRILLEN

Eine schnelle Art des Zubereitens von Fischsteaks, Filets und kleinen Fischen ist das Grillen. Eine saubere Methode ist das Auslegen der Grillpfanne oder des Braters mit Folie. Damit der Fisch ggf. nicht am Korbeinsatz hängenbleibt, sollte er vorher mit Öl eingepinselt werden.

1 Den Grill vorheizen und bei ganzen Fischen die Haut an mehreren Stellen einritzen, damit die Hitze gleichmäßig einzieht.

2 Den Fisch würzen und nach einer Minute bei voller Hitzezufuhr bei halber Hitze weitergrillen. Portionsgroße Fischstücke benötigen meist 8–10 Minuten Grillzeit.

BRATBEUTEL

Früher wurde bei dieser Methode der Fisch in Pergamentpapier eingewickelt und der so entstandene Bratbeutel in den Ofen gelegt. Heute nimmt man meist Folie. Der Bratbeutel eignet sich besonders gut, um bei ganzen Fischen und Fischsteaks den vollen Eigengeschmack und das Aroma zu erhalten. Ein weiterer Vorzug: es gibt nachher keinen Bratentopf, den man mühselig reinigen muß.

1 Pergamentpapier mit Fett einpinseln (oder Bratbeutel nehmen) und Fisch hineinlegen.

2 Diese Zubereitungsart eignet sich bestens für die Diätküche, da der Fisch nur unter Zugabe von Zitronensaft, Kräutern und Gewürzen im eigenen Saft gebraten wird.

BRATEN

Hierbei wird der Fisch in einer Bratpfanne mit wenig Öl oder Fett gebraten.

1 Der Fisch wird wie beim Fritieren entweder in Mehl gewendet oder mit Ei und Paniermehl umhüllt.

2 Um eine gleichmäßig goldbraune Kruste zu erhalten, muß der Fisch während des Bratens mehrmals gewendet und stets im Auge behalten werden.

Saucen

Eine wichtige Zugabe bei einem schmackhaften Fischgericht ist die Sauce oder der Sud, in dem der Fisch zubereitet wurde. Sie kommen in Rezepten immer wieder vor und sind es wert, gründlich erlernt zu werden.

BECHAMEL SAUCE

Eine gute Béchamel Sauce rundet jedes Gericht ab, das eine weiße Sauce erfordert. Deshalb ist der Extra-Aufwand für die Zubereitung die Mühe wert.

Ergibt 600 ml
600 ml Milch
kleine abgezogene und geviertelte Zwiebel
1 Lorbeerblatt
ein paar Pfefferkörner
1 Messerspitze Muskat
1 Stengel Petersilie
ca. 50 g Butter, je nach gewünschter Stärke
ca. 50 g Mehl, je nach gewünschter Stärke
Salz und weißer Pfeffer

1 Milch mit der Zwiebel, dem Lorbeerblatt, den Pfefferkörnern, Muskat und der Petersilie in einen Topf geben. Zudekken und auf kleiner Flamme etwa 10 Minuten erhitzen, nicht kochen. Vom Feuer nehmen und zugedeckt etwa 10 Minuten stehen lassen. Durchseihen und zur Seite stellen.

2 Eine Mehlschwitze bereiten. Dazu Butter in einem Topf zerlassen, nicht bräunen. Das Mehl dazugeben und gut über kleiner Flamme durchrühren.

3 Unter stetigem Rühren die durchgeseihte Milch dazugeben, weiterrühren, bis die Masse cremig ist. Abschmecken und würzen.

Bei einigen Fischgerichten wird die Hälfte der Milch oder die ganze Milch durch den Sud ersetzt, in dem der Fisch gebakken oder gedünstet worden ist.

FISCHBRÜHE

Um eine gute Fischbrühe zu erhalten, werden die Fischabfälle zu der Court Bouillon (gegenüberliegende Seite) gegeben; den Essig weglassen. Das Gemüse sollte nicht länger als 30 Minuten kochen, sonst wird die Brühe bitter.

Anmerkung: Aus der Court Bouillon wird eine Fischbrühe, wenn Sie Fisch darin gekocht haben.

COURT BOUILLON

Fischsud — zur Zubereitung von Lachs, Forelle, Langusten und Hummer

Für die Zubereitung von 3 kg Fisch
2 l Wasser
2 TL Salz
225 g geschälte und in Scheiben geschnittene Möhren
225 g geschälte und zerkleinerte Zwiebeln
25 g frische Petersilie
4 EL Weißwein oder Weinessig
2 Bouquets garnis (Kräutersträuße) oder 2 Lorbeerblätter
1 Thymianstengel
6 zerstoßene Pfefferkörner

1 Alle Zutaten bis auf die Pfefferkörner in einen Fischtopf oder einen anderen großen Topf geben. Zum Kochen bringen und abschäumen.

2 Etwa 3—5 Minuten kochen lassen, dann die zerstoßenen Pfefferkörner zugeben. Weitere 10—20 Minuten kochen lassen. Abkühlen lassen und durch ein Sieb seihen.

3 Verwendung nach Bedarf. Die Fischbrühe kann mehrmals verwendet werden, jeweils vorher durchseihen.
Zur Aufbewahrung die Brühe in einer Plastiktüte, einem Plastikbehälter oder einer Kunststoffschale einfrieren.
Die Menge ist berechnet für große Fische (ca. 3 kg) und kann bei kleineren Fischen halbiert werden.

SAUCE MORNAY

Ergibt 600 ml
600 ml Béchamel Sauce
2 Eigelb
4 EL süße Sahne
20 g geriebener Käse

1 4 EL Béchamel Sauce in eine kleine Schüssel geben und mit dem Eigelb und der Sahne verrühren.

2 Diese Mischung zu der Béchamel Sauce geben und bei kleiner Flamme unter kräftigem Rühren kochen.

3 Den geriebenen Käse langsam unterrühren. Es empfiehlt sich, Parmesan zu nehmen, doch die Käsewahl bleibt dem jeweiligen Geschmack überlassen.

Paßt gut zu gedünsteten Fischfilets oder -koteletts.

CHAUDFROID SAUCE

Ergibt 600 ml
450 ml Béchamel Sauce
150 ml Aspik
1 gestrichener TL Gelatine
2 EL kochendes Wasser

1 Béchamel Sauce abkühlen lassen, jedoch mit einer Plastikfolie abdecken, damit sich keine Haut bildet.

2 Den Aspik in ein Gefäß geben und die Gelatine in das heiße Wasser bröseln. Das Gefäß in einen Topf mit siedendem Wasser stellen, damit sich die Mischung gut auflöst. Abkühlen lassen, bevor die Masse über Fischfilets, kleinere Fische oder Fischsteaks gegeben wird.

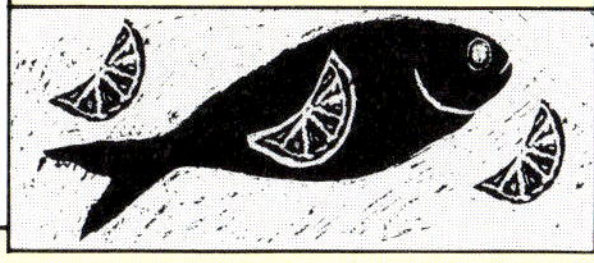

SAUCE HOLLANDAISE

Ergibt 300 ml
175 g Butter
2 EL Wasser
6 grob zerstoßene Pfefferkörner
1 EL Weinessig
2 Eigelb
1 EL Zitronensaft
Salz

1 Die Sauce im Wasserbad bereiten. Dazu nimmt man einen Simmertopf oder hängt eine feuerfeste Schüssel in einen größeren Topf mit siedendem Wasser. Die Schüssel nicht direkt in das heiße Wasser geben, weil sich sonst die Sauce am Schüsselboden festsetzt.

2 2 EL Wasser mit den zerstoßenen Pfefferkörnern und dem Weinessig in einem kleinen Topf einkochen, bis etwa 1 EL Flüssigkeit übrigbleibt. Vom Feuer nehmen.

3 Butter in nußgroße Stückchen schneiden und in einem kleinen Topf weich werden lassen. Vom Feuer nehmen.

4 Die Eigelb mit der eingekochten Flüssigkeit und ein wenig von der Butter im Wasserbad schaumig schlagen. Wenn die Mischung cremig ist, unter ständigem Weiterschlagen die restliche Butter nach und nach zufügen. Zitronensaft und Salz dazugeben, abschmecken.

5 Sofort vom Feuer nehmen, wenn die Sauce dicklich ist. Droht sie zu gerinnen, gibt man während des Schlagens hin und wieder ein paar Spritzer kaltes Wasser dazu und schlägt heftig ein paar Minuten weiter.
Die Sauce kann auch mit einem Handrührgerät oder Mixer zubereitet werden, dann wird aber weniger Butter aufgenommen. Wenn man dem Zitronensaft 1 EL kaltes Wasser zugibt, verhindert man, daß die Sauce zu dick wird.

Hollandaise wird heiß serviert und paßt zu gegrilltem Fisch wie Lachs, Steinbutt, Heilbutt und Meerbrasse.

SAUCE BEARNAISE

Bis Punkt 2 wie Holländische Sauce. Vor dem Einkochen 1 TL Essig und etwas Estragon hinzugeben. Der Geschmack der Sauce Béarnaise ist pikanter, außerdem sollte sie dicklicher als die Hollandaise sein.
1 EL gehackten Estragon und 1 EL gehackten Schnittlauch zugeben. Anderenfalls auch 2 TL getrockneten Estragon und 1 EL gehackte frische Petersilie nehmen.

SAUCE MOUSSELINE

Der Holländischen Sauce beim Abkühlen noch 4 EL Schlagsahne unterziehen. Diese Sauce kann kalt zu Fisch oder Gemüse gereicht werden.

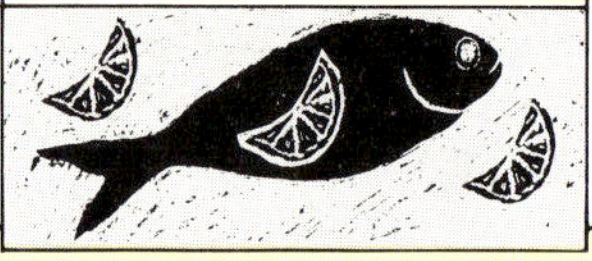

MAYONNAISE

Ergibt 300 ml
2 Eigelb
300 ml Pflanzenöl (Olivenöl)
1/2 TL Salz
1 Prise weißer Pfeffer
1 Prise Senfpulver oder 1 TL Senf
1 EL Weinessig oder Zitronensaft

1 Die Eier sollten Zimmertemperatur haben, nicht direkt aus dem Kühlschrank nehmen. Eigelb in eine angewärmte, trokkene Schüssel geben. Durchrühren.

2 Das Öl langsam und tropfenweise dazugeben, dabei ständig mit einem Holzlöffel oder einem Schneebesen schlagen. Nach den ersten Tropfen Öl bildet sich bereits eine cremige Emulsion. Unter ständigem Schlagen das restliche Öl langsam hinzugeben.

3 Die restlichen Zutaten vermengen und ein paar Tropfen mehr zugeben, wenn die Mischung dicklich wird. Abschmekken und würzen.

AIOLI

1 Scheibe Brot in ein wenig Milch einweichen und zerdrücken oder 1 kleine Pellkartoffel zerdrücken.
2–4 Knoblauchzehen (Anzahl nach Geschmack) zerquetschen oder durch die Presse drücken und mit dem Brot bzw. der Kartoffel vermengen. Einen Brei machen und 1 Eigelb hinzugeben.
Vorgehen wie bei der Mayonnaise, jedoch 1–2 EL heißes Wasser dazugeben, wenn die Masse dick wird. Paßt zu gegrilltem oder kaltem Fisch und Schalentieren. Wird auch zu provenzalischen Fischsuppen gereicht.

SAUCE GRIBICHE

300 ml Mayonnaise mit einem durchpassierten, hartgekochten Eigelb, einem halben TL (scharfen) Dijon-Senf, 1 EL kleingehackter Gewürzgurke, 1 TL frischem oder einem halben TL getrocknetem Estragon, 1 EL frisch gehackter Petersilie und 1 TL kleingehackter Kapern vermengen. Das Eiweiß in schmale Streifen schneiden und kurz vor dem Servieren hinzugeben. Paßt zu kalten Fischgerichten und Schalentieren.

GRÜNE SAUCE

1 Bund Kresse waschen, die Stiele entfernen. Mit 2 EL/50 g gekochtem, gut abgetropftem Blattspinat (frisch oder tiefgekühlt), etwas Petersilie, 2 TL frischem oder 1 TL getrocknetem Estragon im Mixer häckseln. Unter die Mayonnaise geben. Paßt gut zu kalten Fischgerichten.

MEERESFRÜCHTE-SAUCE

150 ml Schlagsahne mit 2 TL Cognac und ein paar Spritzern Tabasco mit 300 ml gut gewürzter Mayonnaise verrühren.

Anmerkung: Alle diese Saucen können auch mit dem Mixer bereitet werden. Ich nehme immer ein ganzes Ei, wenn ich diese Saucen mit der Maschine zubereite. Der Vorteil beim Mixer ist, daß die Emulsion feiner wird und sich länger hält als bei der handgemachten Sauce.

Gekühlte Mayonnaisen immer rechtzeitig aus dem Kühlschrank nehmen und erst bei Zimmertemperatur durchrühren.

Wenn die Mayonnaise einmal gerinnt (das kann vorkommen, wenn man das Öl zu schnell hinzugibt oder wenn die Zutaten zu kalt sind), ein neues Eigelb nehmen, mit einer Messerspitze Senf und ein paar Tropfen heißem Wasser verrühren. Die Mischung in eine angewärmte, saubere Schüssel geben und löffelweise die geronnene Sauce hinzugeben. Heftig schlagen. Wenn die Sauce wieder geschmeidig wird, die restliche geronnene Mayonnaise unter ständigem Schlagen langsam dazugeben. Weiterschlagen, bis eine dicke, cremige Mischung entsteht. Abschmecken.

SAUCE TARTARE

Ergibt 300 ml
2 hartgekochte Eier
2 TL (scharfer) Dijon-Senf
Salz und frischgemahlener Pfeffer
1 Eigelb
150 ml Pflanzenöl (Olivenöl)
4 – 6 Gewürzgurken
2 EL Kapern
2 EL Petersilie, fein gehackt
1 TL Schnittlauch (frisch oder getrocknet)

Dieses Rezept eignet sich nicht für den Mixer.

1 Die hartgekochten Eigelb durch ein Sieb passieren, Senf, Salz und Pfeffer dazugeben.

2 Das rohe Eigelb dazugeben und durchrühren, bis eine cremige Paste entsteht.

3 Tropfenweise Öl dazugeben, bis die Sauce dick ist. Wenn sie zu dick wird, ein paar Tropfen Zitronensaft hinzugeben.

4 Die Gewürzgurken und die Kapern gut wässern. Mit Küchenkrepp abtupfen und fein hacken.

5 Zusammen mit den Kräutern in die Sauce geben (die Kräuter, Gurken und Kapern können mit dem Mixer kleingehackt werden). Gut vermengen und abschmecken.
Paßt zu allen Sorten vongebratenem oder gegrilltem Fisch.

SCHNELLE SAUCE TARTARE

Gewürzgurken, Kapern und Kräuter mit 150 ml Mayonnaise vermengen.

PIKANTE TOMATENSAUCE

Ergibt 450 ml
2 EL Öl
1 große Zwiebel, gehäutet und kleingehackt
1 grüne Paprikaschote, entkernt
1 rote Paprikaschote, entkernt
1 Pfefferschote, entkernt und kleingehackt
1 400-g-Dose geschälte Tomaten
2 frische Tomaten, gehäutet und kleingehackt
1/4 TL Senfpulver
Salz und frischgemahlener Pfeffer
1 Bouquet garni (Gewürzsträußchen)
2 Lorbeerblätter
1/4 TL Zucker
150 ml Fisch- oder Hühnerbrühe
Zum Garnieren
1 grüne Chilischote, entkernt und kleingehackt

1 Öl in der Pfanne erhitzen und die Zwiebeln glasig braten.

2 Die Paprika fein würfeln. Mit der Pfefferschote zu den Zwiebeln geben und bei kleiner Flamme etwa 4 Minuten dünsten.

3 Die übrigen Zutaten dazugeben. Zum Kochen bringen, dann die Hitze reduzieren und 30 Minuten garen.

4 Bouquet garni und Lorbeerblätter entfernen.

5 Die Sauce kann zum Teil mit dem Mixer bereitet werden. Mit grünem Chili garnieren und servieren.

TOMATENSAUCE

Ergibt 600 ml
2 EL Öl
1 große Zwiebel, gehäutet und kleingehackt
1 – 2 Knoblauchzehen, zerdrückt
1 Stange Sellerie, gewaschen
1 Möhre, geschabt und kleingeschnitten
1 400-g-Dose Tomaten
450 g frische Tomaten, enthäutet und kleingeschnitten
1 Bouquet garni (Kräutersträußchen)
2 Lorbeerblätter
1 EL gehackter frischer Basilikum
oder 1 TL getrockneter Basilikum
1 Bund Petersilie
1/2 TL Zucker
Salz und frischgemahlener Pfeffer
300 ml Fischsud oder Hühnerbrühe
2 EL Rotwein

1 Öl in der Pfanne erhitzen. Die Zwiebel und den Knoblauch 4 Minuten dünsten (aber nur glasig werden lassen).

2 Die Stange Sellerie von den Fäden befreien, in kleine Stücke schneiden und für die letzten 2 Minuten zu der Zwiebel und dem Knoblauch geben.

3 Die restlichen Zutaten hinzufügen, zum Kochen bringen und bei kleiner Hitze 40 Minuten garen lassen.

4 Das Ganze durch ein Sieb passieren, um die Petersilie, die Lorbeerblätter und das Kräutersträußchen zu entfernen. Die Sauce servieren, sofern sie nicht noch nach eigenem Geschmack verändert wird.

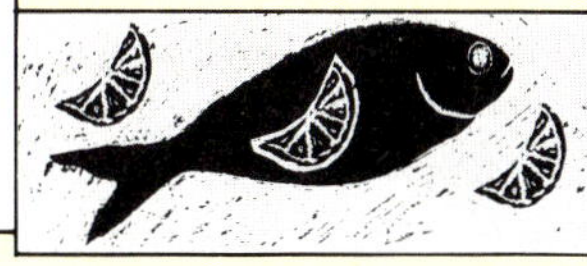

SENFSAUCE

Ergibt 150 ml
1 EL scharfer Senf
Saft einer halben Zitrone
Salz und weißer Pfeffer
150 ml süße Sahne

1 Den Senf, den Zitronensaft und die Gewürze mischen.

2 Die Sahne schlagen und leicht unter den Senf rühren. Kalt stellen und zu gegrilltem oder gebratenem Fisch reichen.

VARIATION

Als Abwandlung kann auch eine heiße Senfsauce mit 150 ml Béchamel Sauce (s. S. 18) zubereitet werden. Wenn vorhanden, 1 TL Senfpulver oder 1 EL Senf und 1 TL Weinessig mit 1 TL Béchamel Sauce verrühren, zur restlichen Sauce dazugeben und eine weitere Minute erhitzen.

GEWÜRZTE BUTTER

Mit Kräutern oder anderen Zutaten vermischte Butter wird gewöhnlich in Wurstform zubereitet. Diese Form wird in Folie verpackt und kalt gestellt. Dann kann die Butter bei Bedarf in Scheiben geschnitten werden. Es ist günstig, Butter in verschiedenen Geschmacksrichtungen vorrätig zu haben. Sie kann im Kühlschrank gelagert werden.

MAITRE D'HOTEL-BUTTER

50 g Butter

2 TL Zitronensaft

Salz und frischgemahlener Pfeffer

1 EL gehackte frische Petersilie

Alle Zutaten miteinander vermischen, kalt stellen und zu gegrilltem Fisch reichen.

GRÜNE BUTTER

50 g Spinatblätter, gewaschen

1 Bund Kresse, ohne Stengel

1 Knoblauchzehe

frischer Estragon nach Geschmack

etwas gehackte Petersilie

Schnittlauch nach Geschmack

3 Gewürzgurken

1 TL Kapern

3 Sardellen

2 EL Öl

1 Eigelb

1 hartgekochtes Ei

100 g Butter

1 Alle Zutaten entweder im Mixer oder per Hand miteinander vermengen.

2 Die Spinatblätter, die Kresse, den Knoblauch und die Kräuter zerkleinern und durch ein Sieb passieren. Die Gewürzgurken, Kapern und Sardellen mit dem Öl, dem Eigelb und dem hartgekochten Ei vermengen und zur weichen Butter geben.

Kalt stellen. Eignet sich vorzüglich zu gegrilltem Fisch und Fleisch, besonders vom Holzkohlengrill.

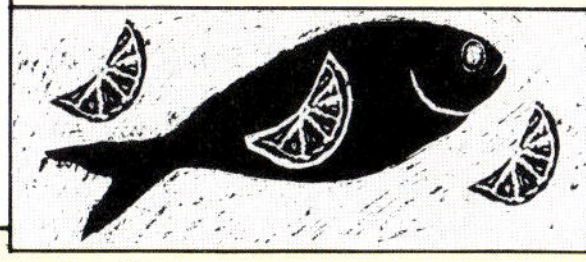

GEWÜRZTE BUTTER

KNOBLAUCHBUTTER

50 g Butter
1 – 2 Knoblauchzehen, kleingehackt
2 TL gehackte Petersilie

1 Die weiche Butter schaumig schlagen. Knoblauch gut unterrühren. Die Petersilie ist nicht unbedingt erforderlich, verfeinert aber den Geschmack dieser Butter.

2 Kalt stellen.

SARDELLENBUTTER

6 Sardellen
2 EL Milch
75 g Butter
Pfeffer
1 Tropfen Tabasco-Sauce

1 Die Sardellen in der Milch einweichen und in einer Schüssel zu einem Brei verarbeiten.

2 Die übrigen Zutaten hinzufügen und cremig schlagen. Kalt stellen.

SENFBUTTER

50 g Butter
1 EL scharfer Senf
Salz und Pfeffer

Alle Zutaten miteinander vermengen und schaumig schlagen. Kalt stellen.

ZITRONEN-ESTRAGON-BUTTER

4 EL Butter
Saft einer halben Zitrone
Salz und Pfeffer
1 EL frischer (oder 1 TL getrockneter) Estragon

Alle Zutaten miteinander vermengen und schaumig schlagen. Kalt stellen.

Suppen und Vorspeisen

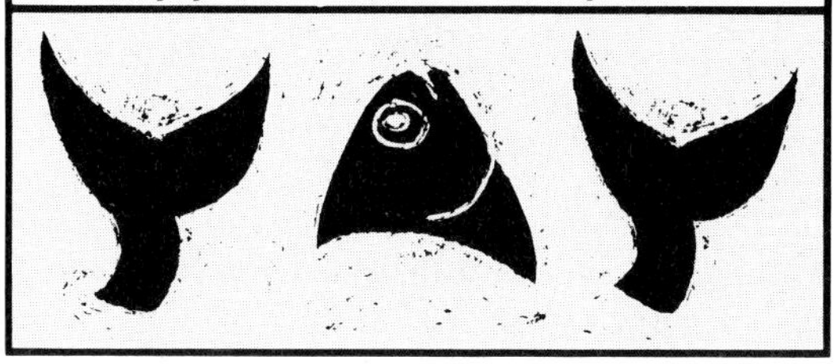

Es gibt viele verschiedene Fischsuppen aus dem Mittelmeerraum, aber so, wie die Fischpreise sich heute entwickeln, werden sie immer mehr zum Luxus. Fischsuppen sollten möglichst vereinfacht werden; so können sich die meisten Köche an sie heranwagen und ihre Gäste sich an sie heranmachen, ohne den Kampf mit den Gräten aufnehmen zu müssen.

MITTELMEERFISCHSUPPE

Für 4 Personen
4 EL Oliven- oder Speiseöl
1 große Zwiebel, kleingehackt
2 Knoblauchzehen, zerdrückt
2 Stangen Sellerie mit Blättern
2 400-g-Dosen Tomaten bzw. 450 g frische Tomaten, enthäutet
150 ml Weißwein
600 ml Wasser
225 g Schellfisch oder Kabeljau, enthäutet
1 Makrele, enthäutet und filetiert
100 g Krabben oder Garnelen
600 g Muscheln, gewaschen und gebürstet
Zum Garnieren
Gehackte Petersilie

1 Das Öl erhitzen, die Zwiebel und den Knoblauch einige Minuten glasig dünsten.

2 Die Sellerieblätter und die zerkleinerten Tomaten, Wein, Wasser und Gemüse hinzugeben und 15 Minuten kochen.

3 Den Fisch in mundgerechte Happen schneiden und zur Suppe geben. 10 Minuten dünsten; es darf aber nicht kochen.

4 Inzwischen einen Teil der Suppe in eine Bratpfanne füllen. Die gewaschenen Muscheln in die heiße Suppe geben, bis sie sich öffnen. Mit den Krabben oder Garnelen zur Suppe im Topf zurückgeben und zusammen 5 Minuten kochen.

5 Mit der gehackten Petersilie garnieren und mit warmem, knusprigem Brot servieren.

MUSCHELSUPPE

Für 4 Personen
1 – 2 Dutzend frische bzw. 1 Dose Muscheln
150 ml Weißwein
300 ml Wasser
1 Lorbeerblatt
1 Kräutersträußchen
100 g durchwachsener Speck
25 g Butter
1 mittelgroße Zwiebel, gewürfelt
2 Stangen Porree, gewaschen und gehackt
1 grüne Paprikaschote, entkernt, blanchiert und gewürfelt
1 Stange Sellerie, gewürfelt
100 g Kartoffeln, gewürfelt
Salz und frischgemahlener Pfeffer
Einige Zweiglein frischer bzw. 1/2 EL getrockneter Thymian
4 – 6 frische Tomaten, enthäutet oder 1 425-g-Dose
1 EL gehackte Petersilie
8 Kräcker, zerbröckelt

1 Wasser und Wein in einen Topf geben, das Lorbeerblatt und das Kräutersträußchen hinzufügen und die frischen Muscheln 5 Minuten darin dünsten. Verwenden Sie Dosenmuscheln, dünsten Sie diese 5 Minuten länger.

2 Den durchwachsenen Speck in kleine Stücke schneiden. Die Butter in einer Pfanne zerlassen und den Schinken dazugeben. Nach 2 Minuten die Zwiebel, den Porree, die gewürfelte Paprika, den gewürfelten Sellerie und die gewürfelten Kartoffeln dazugeben. Das Gemüse 6 Minuten andünsten, dann die Muschelflüssigkeit mit den Gewürzen, dem Thymian und den gehackten Tomaten dazugeben. Die Flüssigkeitsmenge mit Wasser auf 900 ml auffüllen. Das Ganze zum Kochen bringen, die Hitze reduzieren und ziehen lassen, bis das Gemüse gar ist.

3 Die Muscheln kurz vor dem Servieren in die Suppe geben. Mit den zerbröckelten Kräckern und der Petersilie bestreuen und servieren.

FISCHSUPPE

Für 4 Personen
450 g Weißfisch, entgrätet
25 g Butter
1 große Zwiebel, abgezogen und gewürfelt
1 – 2 Knoblauchzehen, abgezogen und zerdrückt
4 Kartoffeln, geschält und gewürfelt
1 400-g-Dose Tomaten
einige Thymianzweiglein
einige Petersiliezweiglein
1 – 2 Lorbeerblätter oder 1 Kräutersträußchen
Salz und frischgemahlener schwarzer Pfeffer
1 Prise Cayenne-Pfeffer
300 ml heißes Wasser
150 ml Milch
8 Kräcker, zerbröckelt
1 EL gehackte Petersilie

Nehmen Sie Weißfisch, Schellfisch oder Reste von anderem rohen Fisch.

1 Nach Möglichkeit alle Gräten entfernen; viele Menschen empfinden Gräten im Fisch als unangenehm. In gleichmäßige Stücke schneiden.

2 Die Butter zerlassen und die Zwiebel, den Knoblauch und die gewürfelten Kartoffeln 5 Minuten andünsten.

3 Die Dosentomaten mit den Kräutern und Gewürzen in das heiße Wasser geben.

4 Zum Kochen bringen und 20 Minuten leicht kochen lassen, bis die Kartoffeln gar sind. Den Fisch während der letzten 10 Minuten Kochzeit hinzufügen. Würzen nach Geschmack. Vergewissern Sie sich, daß alle Fischstücke gar sind.

5 Die Milch hinzufügen und für einige Minuten unter Rühren bei schwacher Hitze ziehen lassen.

6 Die zerbröckelten Kräcker in die Suppenschüssel geben und die Suppe darübergießen. Mit gehackter Petersilie bestreuen.

Mit warmem Baguette oder knusprigen Brötchen servieren.

Fischsuppe

TRE-DEUX-MERS
ENTRE-DEUX-MERS CONTROLEE
1983
70 cl
PRODUCE OF FRANCE
sélectionné et mis en bouteille
par les Producteurs Réunis
Vincent-de-Pertignas (Gironde).

RÄUCHERLACHSHAPPEN

Für 4 Personen
125 g Räucherlachs in Stücken
2 EL frische Petersilie, gehackt
frischgemahlener schwarzer Pfeffer
Saft von 2 Zitronen
25 g Frischkäse
2 EL Sahne

1 Einige Stückchen Räucherlachs zum späteren Garnieren zur Seite legen. Den restlichen Lachs mit einer Gabel zermusen, durch ein Sieb passieren oder in den Mixer geben. Schwarzen Pfeffer und Zitronensaft dazugeben und gut vermischen.

2 Den Lachs und die gehackte Petersilie zum Frischkäse und zur Sahne geben und gut vermengen.

3 Diese Mischung kann auf Kräcker oder Toast als kleine Kringel gespritzt werden, garniert mit Lachsscheiben, oder in kleinen feuerfesten Formen mit Toast als Beilage serviert werden.

GERÄUCHERTE MAKRELENCREME

Für 4 Personen
275 g geräucherte Makrelenfilets
Saft einer Zitrone
1 Knoblauchzehe, zerdrückt
2 EL Oliven- oder Speiseöl
25 g Frischkäse
2 EL Petersilie, feingehackt
Salz und frischgemahlener Pfeffer
Zum Garnieren
1 Zitrone, in Stücken

1 Das Filet enthäuten und entgräten. Mit einer Gabel in einer Schüssel zermusen. Mit Zitronensaft beträufeln.

2 Den zerdrückten Knoblauch mit dem Öl und dem Frischkäse in einer Schüssel vermengen.

3 Nach und nach den Fisch und die Petersilie dazugeben. Würzen nach Geschmack. In kleinen feuerfesten Formen anrichten.

4 Mit gerösteten Toastscheiben und Zitronenstücken servieren.

TARAMA-SALAT (Dorschrogen-Salat)

Für 4 – 6 Personen
225 g Dorschrogen
2 – 4 EL Zitronensaft
75 g gekochte Kartoffeln, durch ein Sieb passiert
1 Scheibe Weißbrot ohne Rinde
1 Knoblauchzehe, zerdrückt
2 EL Öl
1 – 3 EL kaltes Wasser
Salz und weißer Pfeffer
Zum Garnieren
12 schwarze Oliven
einige Petersilienzweige

1 Den Dorschrogen in eine Schüssel geben. Mit 2 EL Zitronensaft beträufeln. Mit einem Holzlöffel vermengen. Nach und nach die gekochten, durch ein Sieb passierten Kartoffeln dazugeben.

2 Die Brotscheibe in kaltes Wasser einstippen und mit einer Hand auspressen. Unter die Fischmasse geben. Den zerdrückten Knoblauch hinzufügen.

3 Einige Tropfen Öl und nach und nach das kalte Wasser hinzugeben, bis die Masse eine dickflüssige Konsistenz erreicht hat. Mit Salz und weißem Pfeffer würzen (gut abschmecken, da Dorschrogen von Natur aus sehr salzig sein kann). Nach Wunsch kann auch noch etwas Zitronensaft hinzugefügt werden.

4 Das Öl und der Knoblauch können aber auch in den Mixer gegeben werden, wobei die übrigen Zutaten nach und nach hinzugefügt werden. Der Salat ist dann ebenfalls in wenigen Minuten zubereitet. Zum Schluß wird kaltes Wasser hinzugefügt, bis die Masse die erwünschte cremige Konsistenz erreicht hat.

5 Mit den schwarzen Oliven und einigen Petersilienzweigen garnieren. Mit gerösteten Toastscheiben oder warmem griechischem Brot (Pitta) servieren.

FISCHPASTETE

Für 6 Personen
450 g roher Weißfisch, enthäutet und entgrätet
Salz und weißer Pfeffer
1 Prise Cayenne-Pfeffer
Saft einer halben Zitrone
150 ml Sahne
2 Eier
50 g Paniermehl vom Weißbrot, frisch zubereitet
frischer Estragon
1 EL frische gehackte Petersilie oder 1/2 EL getrocknete Petersilie
Zerlassene Butter
1 Eiweiß
5 Seezungenfilets
8 Spargelköpfe, gekocht
Bei 180°C/Gas-Stufe 4 backen

1 Den rohen Fisch (Schellfisch, Dorsch oder Kabeljau) im Mixer zerkleinern. Mit Salz, Pfeffer und 1 Prise Cayenne-Pfeffer würzen. Einige Tropfen Zitronensaft hinzufügen.

2 2 Eiweiß schlagen, unter die Masse heben. Zum Kühlen in den Kühlschrank stellen.

3 Die Sahne schlagen und die Hälfte davon für die 1. Füllung zur Fischmasse geben. Kühlstellen.

4 Für die 2. Füllung das Eigelb mit dem Paniermehl und den Kräutern und Gewürzen in eine Schüssel geben. Unter die verbliebene 2. Hälfte der Sahne rühren.

5 Eine 450-g-Kastenbrotbackform mit reichlich Butter einfetten.

6 Die Form mit einem Seezungenfilet auslegen.

7 Das Filet mit etwas Eiweiß bestreichen und eine Hälfte der 1. Füllung darüber geben. Ein weiteres Filet darauflegen, mit Eiweiß bestreichen und mit der Hälfte der 2. Füllung belegen. 4 Spargelköpfe dazufügen. Mit dem dritten Filet bedecken. Damit fortfahren, bis Füllung und Filets aufeinandergeschichtet sind. Das letzte Filet bildet den Abschluß. Die Form mit einer gefetteten Folie bedecken.

8 In eine größere Backform setzen, die halb mit Wasser gefüllt ist, und 1 Stunde backen, bis das Ganze fest ist. Soll die Pastete heiß serviert werden, vor dem Stürzen etwas abkühlen lassen. Mit den übrigbehaltenen Spargelköpfen garnieren.

Die Pastete kann auch kalt serviert werden.

BÜCKLINGSPASTETE

Für 4 Personen
225 g Bücklingsfilet
2 EL Zitronensaft
Frischgemahlener schwarzer Pfeffer
50 g Butter
2 EL Petersilie, kleingehackt
1 EL Sahne
Zum Garnieren
Petersilie
Spiralenförmig geschnittene Zitronenschale

1 Den Fisch enthäuten und mit einer Gabel zerdrücken. Mit 1 EL Zitronensaft beträufeln und mit Pfeffer würzen.

2 Die Butter in einer Schüssel schaumig schlagen, Petersilie und Sahne hinzufügen. Nach und nach zur Fischmasse geben. Würzen und nach Wunsch weiteren Zitronensaft dazugeben.

3 Auf Toast oder Kräckern servieren oder in einer Schüssel mit Petersilie und der Zitronenschale anrichten, von Toastscheiben umgeben.

SPROTTEN

Für 4 Personen
650 g frische Sprotten
75 g Mehl
Öl zum Braten
Zum Garnieren
Zitronenscheiben
Petersilienzweig
Bei 180°C/Gas-Stufe 4 backen

1 Die Sprotten mit Küchenkrepp trocknen (Sie erhalten Sprotten oft tiefgefroren und müssen sie nach dem Auftauen trocknen).

2 Den Fisch in Mehl wälzen.

3 In heißem Fett einige Minuten braten, bis der Fisch eine goldbraune Kruste hat.

Mit Zitronenscheiben, Petersilie und Sauce Tartare (siehe S. 24) servieren. Brot mit Butter dazureichen.

KRABBEN- ODER GARNELENCOCKTAIL

Wahrscheinlich die gängigste Vorspeise, die im Restaurant erhältlich ist, aber die Meeresfrüchte-Sauce macht dieses Gericht wert, auch zu Hause serviert zu werden.

Für 4 Personen
Einige Salatblätter, vorzugsweise Eisbergsalat
225 g Krabben oder Garnelen
300 ml Meeresfrüchte-Sauce (siehe S. 23)
Zum Garnieren
Ungepulte Krabben oder Garnelen oder 4 Zitronenscheiben
Etwas Kresse

1 Die Salatblätter zerkleinern und die Böden von 4 Weingläsern oder Glasschüsseln damit auslegen.

2 Die Krabben oder Garnelen mit der Meeresfrüchte-Sauce mischen und auf den Salatblättern anrichten.

3 Mit ungepulten Krabben oder Garnelen oder Zitronenscheiben und etwas Kresse garnieren.

MEERESFRÜCHTECOCKTAIL

Krabben oder Garnelen mit gekochtem Krebsfleisch, Hummer und Miesmuscheln oder in Scheiben geschnittenen Kammmuscheln vermengen und wie beschrieben zubereiten.

AVOCADO MIT KRABBEN ODER GARNELEN IN MEERESFRÜCHTE-SAUCE

Für 4 Personen
2 reife Avocados
Zitronensaft
125 g gepulte Krabben oder Garnelen
125 ml Meeresfrüchte-Sauce (siehe S. 23)
Zum Garnieren
Petersilie oder Kresse
4 Krabben, ungepult

1 Die Avocados der Länge nach mit einem scharfen Messer halbieren und den Kern vorsichtig entfernen. Das Fruchtfleisch beider Hälften mit einem Löffel herausheben und in kleine Stücke schneiden. In eine Schüssel geben und mit Zitronensaft beträufeln.

2 Wenn Sie tiefgefrorene Krabben oder Garnelen verwenden, lassen Sie sie vollständig auftauen und trocknen. Zur Meeresfrüchte-Sauce geben. Mit dem Fruchtfleisch mischen und nach Geschmack würzen. In die Avocadohälften zurückfüllen.

3 Mit Kresse oder Petersilie garnieren. Nach Wunsch 1 oder 2 ungepulte Krabben oder Garnelen am schmalen Ende der Fruchthälften placieren.

FISCHKLÖSSCHEN IN PIKANTER TOMATENSAUCE

Für 4 Personen
225 g gekochter Fisch
25 g Butter
1 kleine Zwiebel, abgezogen und in Scheiben geschnitten
225 g Kartoffeln, gekocht und durch ein Sieb passiert
2 Tropfen Tabasco-Sauce
1 EL Tomatenketchup
Salz und frischgemahlener schwarzer Pfeffer
1 EL gehackte Petersilie
1 geschlagenes Ei
Paniermehl
Öl zum Braten
150 ml pikante Tomatensauce (siehe S. 27)

Sie können Reste von pochiertem Lachs, Forelle oder Thunfisch und Lachs aus der Dose verwenden.

1 Den gekochten Fisch entgräten.

2 Die Butter zerlassen und die Zwiebel darin andünsten, bis sie weich ist. Die passierten Kartoffeln, Gewürze, Petersilie und Zwiebel in eine Schüssel geben. Zum Schluß den Fisch hinzufügen und gut miteinander vermengen.

3 Etwas vom geschlagenen Ei hinzufügen. Einige Tropfen Wasser zum restlichen Ei dazugeben. Die Hände mit Mehl bestäuben und aus der Masse kleine Klößchen formen. Kühl stellen.

4 Die Fischklößchen in dem Ei und im Paniermehl wälzen.

5 In einem Fritierer oder in einer zu einem Drittel mit heißem Fett gefüllte Bratpfanne fritieren.

6 Auf einer Platte anrichten. Die Klößchen mit Cocktailspießen versehen. Die heiße pikante Tomatensauce dazugeben. Kann zu Getränken oder als Bestandteil eines Büffets gereicht werden.

GEBACKENE AVOCADO MIT KREBSFLEISCH

Für 4 Personen
2 reife Avocados
1 200-g-Dose Krebsfleisch oder das Fleisch eines gekochten Krebses
1 EL Zitronensaft
2 EL Weißwein
Einige Tropfen Tabasco-Sauce
2 EL Tomatenmark
Salz und frischgemahlener Pfeffer
300 ml Béchamel Sauce (siehe S. 18)
Zum Garnieren
1 EL Petersilie, feingehackt
Bei 180°C/Gas-Stufe 4 backen

1 Die Avocados halbieren, den Stein und etwas Fruchtfleisch herausnehmen.

2 Das Krebsfleisch und kleingeschnittenes Fruchtfleisch mit Zitronensaft und Weißwein beträufeln.

3 Die übrigen Zutaten zur Béchamel Sauce geben und die Avocadohälften randvoll damit auffüllen.

4 Im Herd goldbraun backen. Mit feingehackter Petersilie bestreuen und servieren.

Dieses Gericht kann auch mit Thunfisch an Stelle von Krebsfleisch zubereitet werden.

AVOCADO, GRAPEFRUIT UND KRABBEN- ODER GARNELENSALAT

Für 4 Personen
2 Grapefruits
2 Avocados
225 g Krabben oder Garnelen
150 ml French Dressing oder Meeresfrüchte-Sauce (siehe S. 23)

1 Um die Grapefruits richtig zu zerlegen, werden sie in eine Schüssel gelegt und mit kochendem Wasser bedeckt. Nach 2 Minuten herausnehmen und abkühlen lassen. Den Deckel abschneiden, die Haut der Frucht ringsherum in Streifen schneiden und abziehen. Das Fruchtfleisch lösen; benutzen Sie dabei ein scharfes Messer.

2 Ist das Fruchtfleisch von der Schale gelöst, die einzelnen Fruchtspalten von den Häutchen lösen.

3 Die Avocados schälen, der Länge nach halbieren und den Stein entfernen. In Scheiben schneiden.

4 Die Avocadoscheiben, die Grapefruit-Stückchen und die Krabben oder Garnelen in eine Schüssel geben und mit French Dressing, Meeresfrüchte-Sauce oder Mayonnaise (siehe S. 22/23) anrichten. Das Dressing kann direkt über den Salat gegeben oder dazugereicht werden.

GEFÜLLTE SPROTTEN

Für 4 Personen
450 g Sprotten
Salz und frischgemahlener schwarzer Pfeffer
150 g Frischkäse
1 EL Petersilie, kleingehackt
1 Knoblauchzehe
1 Ei, mit 1 EL Wasser geschlagen
Paniermehl
Öl zum Fritieren

1 Die Köpfe der Sprotten abschneiden. Am Bauch aufschneiden und die Hauptgräte entfernen. Die Fische unter kaltem fließendem Wasser waschen und mit Küchenkrepp abtrocknen. Mit Salz und Pfeffer würzen.

2 Den Frischkäse würzen, gehackte Petersilie und die zerdrückte Knoblauchzehe dazugeben, gut vermengen.

3 Die Sprotten mit der Masse füllen und zusammenklappen.

4 Den Fisch im Ei und im Paniermehl wälzen.

5 In viel Fett 3 – 4 Minuten fritieren, bis sie goldbraun sind. Auf Küchenkrepp abtropfen lassen.

6 Als Appetitanreger oder Vorspeise servieren.

Süßwasserfisch

Lachs und Lachsforelle leben teilweise im Meer. Die Zubereitung für diesen Fisch läßt sich oftmals austauschen mit der für Flußfisch. Aal kann gebraten oder gegrillt und mit Sauce Tartare oder Béarnaise gereicht werden. Kleiner Hecht und Karpfen werden gewöhnlich "blau" zubereitet.

POCHIERTER LACHS

Für 8 — 10 Personen
4 kg Lachs
1/2 Zitrone
1/2 Zwiebel
1 Lorbeerblatt
1 Zweiglein Petersilie
Court Bouillon (siehe S. 19)

1 Lachs vorbereiten. Den Bauch aufschlitzen und die Eingeweide entfernen. Gut unter fließendem Wasser abspülen.

1/2 Zitrone, 2 kleine Stückchen Zwiebel, 1 Lorbeerblatt und die Petersilie in die Bauchhöhle füllen. (Man kann den Fisch auch ausnehmen, indem man den Kopf abschneidet und die Eingeweide mit dem gekrümmten Stiel einer Suppenkelle herauszieht. Auf diese Weise bleibt der Fisch ganz und läßt sich besser für ein Büffet garnieren. Oft jedoch ist der Fisch bereits ausgenommen, wenn man ihn kauft.)

2 Einen Fischtopf zur Hälfte mit Court Bouillon füllen. Den Fisch in die kalte Flüssigkeit legen, sanft zum Kochen bringen und dann bei kleiner Flamme etwa 45 Minuten sieden. Vom Feuer nehmen und mehrere Stunden lang in der Flüssigkeit abkühlen lassen. Nicht bei starker Flamme kochen, sonst bricht der Fisch auseinander.

3 Fisch aus dem Sud nehmen und ungefähr 1 Stunde abtropfen lassen, wenn er kalt serviert wird. Alternativ heiß mit Sauce Hollandaise oder Mousseline servieren (siehe S. 21).

VARIATION

Da Fischtöpfe ziemlich groß sind (der Kleinste ist ca. 40 cm im Durchmesser), machen sich viele nicht die Mühe, einen Fischtopf zu kaufen, weil er sich auch schlecht verstauen läßt. Man kann größere Fische auch leicht im Backofen zubereiten, wenn man über ein großes Bratenblech verfügt. Das Blech zu einem 1/4 mit der Court Bouillon füllen und den Fisch diagonal hineinlegen. Den Fischkopf kann man abschneiden und das Schwanzende in Folie wickeln. Den Kopf mitkochen. Nun das Blech bis zum Rand mit Court Bouillon auffüllen und mit einer doppelten Lage Folie oder einem zweiten Bratenblech abdecken.

Garzeit: 10 Minuten pro 450 g bei 170°C/Gas-Stufe 3. Abkühlen lassen wie oben.

Diese Zubereitungsart eignet sich auch für Forelle und Seebarsch.

LACHS IN ASPIK

1 pochierter Lachs mit Kopf und Schwanz
Zum Garnieren
300 ml Aspikgelee
1 Salatgurke
12 gefüllte Oliven
2 Zitronen
Kresse

1 Die Haut vom Lachs entfernen und auch alle grauen Stellen auf dem rosigen Fleisch mit dem Messerrücken entfernen.

2 Auf einer Servierplatte anrichten. Das Aspikgelee gemäß Gebrauchsanweisung mit kochendem Wasser bereiten und abkühlen lassen.

3 Den Lachs mit dem Aspik bestreichen und leicht fest werden lassen. Nach ungefähr 30 Minuten noch etwas Aspik über den ganzen Fisch geben. Fest werden lassen.

4 Die Gurke in feine Scheiben schneiden und halbieren. Die Oliven in dünne Scheiben schneiden. Die Zitrone auf der Schale mit dem Messer einkerben und in dünne Scheiben schneiden.

5 Die Gurkenscheiben in Wellenlinien am Fisch entlang drapieren. Mit den Olivenscheiben das Rückgrat des Fisches belegen. Jede Scheibe vorher mit Aspik bestreichen.

Die halbierten Zitronenscheiben auf der anderen Seite des Fisches drapieren. Wieder eine Lage Aspik über alles geben. Überschüssiges Aspikgelee am Fisch entlang abschneiden, wenn es fest ist.

Hier handelt es sich nur um Garnierungsvorschläge. Der Fisch kann auch mit Radieschen, hartgekochten Eiern, Petersilie und halbierten Zitronen garniert werden.

6 Zum Lachs Mayonnaise oder Grüne Sauce reichen (siehe S. 22/23).

LACHS IM BLÄTTERTEIG

Für 4 Personen
1¼ kg Schwanzende vom Lachs
600 ml Court Bouillon (siehe S. 19)
Füllung
1 mittelgroße Zwiebel, geschält und feingehackt
6 Stangen Schnittlauch, gewaschen und gehackt
100 g Champignons, gewaschen und feingehackt
25 g Butter
2 EL Tomatenmark
2 EL Fischsud
1 EL frische Petersilie, gehackt
Salz und frischgemahlener Pfeffer
450 g Blätterteig, fertig gekauft und ggf. aufgetaut
Bei 210°C/Gas-Stufe 7 backen

1 Den Lachs im Court Bouillon ca. 15 – 20 Minuten pochieren. Im Sud abkühlen lassen.

2 Den Fisch herausnehmen und den Sud einkochen. Den Fisch auf beiden Seiten enthäuten und die beiden oberen Filets vorsichtig abheben. Die Gräten herausnehmen und dann die unteren Filets nehmen. Die Gemüsezutaten für die Füllung können mit dem Mixer kleingehackt werden.

3 Butter in der Bratpfanne zergehen lassen und die Zwiebeln bei kleiner Flamme 5 Minuten glasig braten. Die feingehackten Champignons dazugeben und weitere 3 Minuten garen. Zuletzt das Tomatenmark und den eingekochten Fischsud dazugeben. Gut würzen und abschmecken, die Petersilie dazugeben. Abkühlen lassen.

4 Den Blätterteig in zwei ungleich große Stücke teilen und das kleinere ausrollen. In eine einfache Fischform schneiden, mit flachem Kopf und gebogener Nase, rundem Körper und fächerartigem Schwanz. Wenn erforderlich, vorher ein Schnittmuster aus Papier anfertigen (Länge ca. 30 cm).

5 Zwei Fischstücke auf dem Teigstück anrichten, die breiteren Stücke in der Mitte, die schmaleren Stücke jeweils am Ende. Mit der Füllung belegen. Dann die beiden anderen Fischstücke obenauflegen.

6 Das größere Teigstück nun etwa 5 cm größer ausrollen als das andere Stück. Die Enden mit kaltem Wasser befeuchten und über den Fisch legen. Die überstehenden Kanten unter den Fisch kneten. Die Fischform beibehalten.

7 Den überschüssigen Teig in kleine Halbmonde und Streifen schneiden, um den Fisch damit zu dekorieren. Den Teig am Rücken mehrfach einritzen, damit der Dampf entweichen kann.

8 Mit geschlagenem Ei — auch die Dekorationen — bestreichen, im vorgeheiztem Backofen ca. 20 Minuten backen. Nimmt der Teig zu schnell Bräune an, nach etwa 15 Minuten auf kleinere Hitze schalten. Mit Sauce Hollandaise reichen (siehe S. 21).

LACHSKOTELETTS MIT SARDELLENBUTTER

Für 4 Personen
4 Lachskoteletts
4 EL/50 g Sardellenbutter (siehe S. 31)
Zum Garnieren
Petersilienzweiglein
4 Zitronenschnitzel

1 Den Grill auf hoher Stufe vorheizen.

2 Den Grillrost mit Öl bestreichen und die Koteletts darauf verteilen.

3 Auf jedes Kotelett einen Klecks Sardellenbutter geben und etwa 4 Minuten grillen.

4 Die Koteletts umdrehen, wieder je einen Klecks Sardellenbutter daraufgeben. Weitere 4 Minuten grillen.

5 Die Hitze herunterschalten und weitere 3 Minuten garen lassen. Wenn die Koteletts dünn sind, dann nicht ganz so lange.

6 Zum Servieren auf jedes Kotelett einen weiteren Klecks Sardellenbutter geben. Mit Petersilie und den Zitronenschnitzeln garnieren.

LACHSFRIKADELLEN

Ergibt 12 Frikadellen
1 kg geschälte und in Scheiben geschnittene Kartoffeln
250 g gekochter Lachs, entgrätet und feingeschnetzelt
100 g Schellfisch, gekocht, entgrätet und feingeschnetzelt
1 EL Tomatenketchup
1 EL Worcestersauce
Salz und frischgemahlener Pfeffer
1 EL feingehackte Petersilie
1 Ei
Überzug
1 Ei
2 EL Wasser
75 g Paniermehl
Bei 190°C braten

1 Die Kartoffeln kochen, bis sie weich sind. Durch ein Sieb streichen, pürieren. Wichtig ist, daß keine Klumpen entstehen.

2 Den geschnetzelten Fisch dazugeben und vorsichtig die Gewürze und Petersilie daruntermischen.

3 Mit dem geschlagenen Ei binden.

4 Ein Brett mit Mehl bestäuben und ca. 5 cm große Frikadellen aus dem Brei formen. Auf das Brett legen und mindestens 30 Minuten in Tiefkühltruhe oder -fach abkühlen lassen.

5 Die Hände mit Mehl sauberreiben, jede Frikadelle in das mit dem Wasser geschlagene Ei tauchen, dann panieren. Gut einklopfen. Weitere 30 Minuten kühlstellen.

6 In schwimmendem Fett ca. 4 — 5 Minuten braten, bis die Frikadellen kroß sind. Mit Zitronenschnitzeln servieren.

Die gebratenen Lachsfrikadellen können eingefroren und nach Bedarf verbraucht werden.

FORELLE MIT MANDELN

Für 4 Personen
4 Forellen, gesäubert
4 EL/150 ml Milch, gewürzt
2 EL Mehl,
4 EL/50 g Butter
6 TL/100 g Mandelblättchen
Zum Garnieren
4 Zweiglein Petersilie
4 Zweiglein Kresse

1 Forelle in gewürzte Milch tauchen, dann im Mehl wälzen.

2 2 EL/25 g Butter in der Pfanne zergehen lassen und die Mandelblättchen leicht anbräunen, alternativ auch ohne Butter in einer beschichteten Pfanne. Gut umrühren und gleichmäßig bräunen lassen. Vom Feuer nehmen und warmstellen.

3 Die restliche Butter in der Pfanne zergehen lassen und die Forelle auf jeder Seite ca. 4 Minuten leicht braten. Die Mandeln auf die Forelle geben und mitgaren lassen.

Variation: Nach dem Garen die Haut der Forelle abziehen, die Mandeln darauf geben und die Forelle einige Minuten in den Grill schieben.

4 Das Fischauge mit Petersilie oder mit Kresse garnieren.

LACHS-MOUSSE

Für 6 Personen
250 – 350 g frischer Lachs
600 ml Court Bouillon (siehe S. 19)
300 ml Béchamel Sauce (siehe S. 18)
300 ml Mayonnaise (siehe S. 22)
3 TL Gelatine
3 EL kochendes Wasser
2 – 3 Tropfen Tabasco-Sauce
1 EL Tomatenketchup
Salz und weißer Pfeffer
3 – 4 EL süße Sahne
50 g Hummerkrabben oder Garnelen (nach Wunsch)
2 Eiweiß
150 ml Aspikgelee
Zum Garnieren
Salatblätter, Kresse, Gurke, Radieschen, roter Paprika aus der Dose

1 Den Lachs im Court Bouillon pochieren. Im Sud erkalten lassen, häuten und entgräten. Den Fisch zerkleinern und zur Seite stellen.

2 Béchamel Sauce bereiten. Zur Hälfte mit Fischsud und zur Hälfte mit Milch eine gut gewürzte Mayonnaise bereiten.

3 Die Gelatine auflösen, indem sie in den heißen Sud gebröselt wird (niemals die Flüssigkeit auf die Gelatine gießen). Vollständig auflösen lassen.

4 Den Fisch und die Béchamel Sauce miteinander verrühren. Die Hälfte der Mayonnaise zugeben und gut vermischen.

5 Tabasco und Tomatenketchup hinzugeben, gut abschmekken und würzen. Die warme Gelatine daruntergeben, die leichtgeschlagene Sahne und die kleingehackten Scampi oder Krabben ebenso.

6 Das Eiweiß schlagen, bis es leicht und duftig ist. Nicht zu steif schlagen, sonst mischt es sich nicht mit der Mousse. Vorsichtig mit einem Metallöffel unter die Masse heben. In eine gefettete Fischform oder Auflaufform geben und im Kühlschrank kühlen.

7 Auf einer Servierplatte stürzen. Die restliche Mayonnaise mit dem Aspikgelee vermischen. 1 TL Tomatenmark kann nach Wunsch hinzugefügt werden.

8 Die Mousse mit der Mayonnaisemischung bestreichen, setzen lassen. Mit Salatblättern, Kresse, dünnen Gurkenscheiben usw. garnieren.

Eignet sich vorzüglich für ein kaltes Büffet, als Vorspeise oder auch als köstliches sommerliches Abendessen.

LACHS-SPINAT-PASTETE

LACHS-SPINAT-PASTETE

Für 4 Personen
450 g tiefgefrorener Blattspinat, gekocht und kleingehackt
350 g Lachs, pochiert
600 ml Béchamel Sauce (siehe S. 18)
2 hartgekochte Eier
1 TL Dill
1 EL kleingehackte Petersilie
Salz und frischgemahlener schwarzer Pfeffer
225 g Blätterteig, fertiggekauft und aufgetaut
Für die Glasur 1/2 geschlagenes Ei
Bei 220°C/Gas-Stufe 7 backen

1 Den tiefgefrorenen Spinat, wie auf der Packung angegeben, in ein wenig gesalzenem Wasser kochen. Wenn frischer Blattspinat verwendet wird, muß man ca. 1 kg berechnen.

Gut abtropfen und damit den Boden einer gebutterten Auflaufform belegen.

2 Den gekochten, enthäuteten, entgräteten Lachs mit der Béchamel Sauce (die mit dem Fischsud bereitet werden kann) und mit den kleingehackten, hartgekochten Eiern vermischen. Dill und Petersilie daruntermischen und die Masse auf den Spinat geben.

3 Den Blätterteig 5 cm breiter als die Auflaufform ausrollen. Einen 2 1/2 cm breiten Streifen vom äußeren Teigrand abschneiden. Den Rand der Auflaufform mit Wasser anfeuchten und den Teigstreifen rund herumkleben. Den restlichen Teig mit dem Nudelholz aufnehmen und über die Form legen. Die Ränder zusammendrücken und mit einem scharfen Messer überschüssigen Teig abschneiden. Um die Ränder gut zusammenzudrücken, den Rand mit dem Messergriff einkerben. Kerben mit Daumen und Zeigefinger zusammendrükken, damit ein hübsches Muster entsteht.

4 Als Verzierung für die Pastete aus dem restlichen Teig mit einem Teigrädchen ca. 3 1/2 cm breite Streifen schneiden. In 5 cm Abstand rautenförmig zuschneiden. Mit dem Messer Linien in die Rauten drücken, um die Blattadern zu markieren.

5 Den Teigdeckel in der Mitte anstechen, mit dem Messer kreuzweise einschneiden und die Enden zurückrollen. Die Teigblätter um das Loch herum anordnen und mit dem geschlagenen Ei bepinseln.

6 Im vorgeheizten Backofen backen, bis der Teig aufgeht und eine goldbraune Farbe annimmt — ca. 30 Minuten. Mit Folie oder Wachspapier abdecken, wenn der Teig zu schnell bräunt.

COULIBAC

Für 4 Personen
450 g Lachs oder Lachsforelle
4 EL/50 g Butter
Salz und frischgemahlener Pfeffer
8 Stangen Schnittlauch, gewaschen und kleingehackt, bzw. 1 Zwiebel, feingehackt
100 g gekochter Reis
100 g Champignons, gewaschen und feingeschnitten
2 hartgekochte Eier
Saft und geriebene Schale einer 1/2 Zitrone
1 EL frischer bzw. 1 TL getrockneter Dill
1 EL gehackte Petersilie
2 EL saure Sahne
450 g Blätterteig, fertiggekauft und aufgetaut
1 geschlagenes Ei
Den Fisch bei 150°C/Gas-Stufe 2, die Pastete 10 Minuten bei 225°C/Gas-Stufe 8 backen, dann auf 200°C/Gas-Stufe 6 herunterschalten

1 Die Hälfte der Butter in kleine Würfel schneiden und über den Lachs bröckeln. Würzen und locker in Folie wickeln. Im vorgeheizten Ofen 25 – 30 Minuten backen. Aus der Folie nehmen und abkühlen lassen.

2 Die restliche Butter zergehen lassen und die feingehackte Zwiebel dazugeben. Langsam den gekochten Reis und die Champignons darunterrühren. Abkühlen lassen.

3 Lachs häuten und entgräten, in große Stücke teilen.

4 Den Lachs in einer Schüssel mit dem gekochten Reis, den Champignons, dem kleingehackten Ei, der geriebenen Schale und dem Saft der Zitrone, Dill, Petersilie und den Gewürzen vermengen. Zuletzt die saure Sahne darunterrühren.

5 Den Blätterteig in zwei Hälften (35 x 35 cm) ausrollen, in 17 1/2 cm große Quadrate schneiden. Die Masse auf jeweils ein Teigquadrat geben, die Ecken befeuchten, übereinanderschlagen und festdrücken. Mit dem geschlagenen Ei bestreichen und auf einem Backblech im vorgeheizten Ofen ca. 20 Minuten backen.

6 Mit Kresse und gedünsteten Pilzen dekorieren. Mit Sauce Hollandaise (siehe S. 21) servieren oder mit einem Krug saurer Sahne und frischem Schnittlauch.

FORELLE IN ASPIK

Für 4 Personen
4 Forellen
300 ml Aspik
Zum Garnieren
Gurkenschale
Eingelegte Paprika
Gefüllte Oliven, in Scheiben geschnitten
Kresse

1 Forelle „blau" kochen (siehe S. 70) und abkühlen lassen.

2 Kopf und Haut entfernen. Das obere Filet vorsichtig abheben und den Fisch entgräten. Das Filet auf den Fisch zurücklegen.

3 Die Aspikmasse über den Fisch gießen. Mit feinen Streifen Gurkenschale, rautenförmigen Paprikastücken, in Scheiben geschnittenen Oliven zu Blumenmustern garnieren. Das Kopfende mit Kresse umlegen. Eignet sich vorzüglich für sommerliches Abendessen oder für ein kaltes Büffet.

HECHTKLÖSSCHEN

Für 4 Personen
650 g Hecht oder Meeräsche
4 Eier
100 g Mehl
300 ml Milch
4 EL/50 g Butter
4 EL/50 g Talg
Salz und frischgemahlener Pfeffer
3 EL süße Sahne

Gewöhnlich nimmt man Hecht für dieses Rezept, doch kann auch anderer Fisch verwendet werden. Die Klöße von Hand herzustellen, ist schwierig; besser eignet sich ein Handrührgerät oder eine Küchenmaschine.

1 Fisch häuten und entgräten.

2 2 Eier, gesiebtes Mehl und die Milch miteinander verrühren. Heftig über kleiner Flamme schlagen. Die Butter dazugeben und rühren, bis die Masse dick und geschmeidig wird. Abkühlen lassen.

3 Fisch mit dem Mixer zerkleinern.

4 Den Talg und die Mehlmischung hineinrühren.

5 Würzen, 2 Eigelb hinzufügen und gut mit dem Mixer durchmischen. Leichtgeschlagene Sahne dazugeben.

6 Kleine runde Klöße aus der Mischung formen und auf ein angefeuchtetes Küchenbrett legen. Wenn die Masse nicht hält, ein geschlagenes Eiweiß daruntergeben.

7 Gesalzenes Wasser zum Kochen bringen, herunterschalten, bis es nur noch siedet. Die Klöße hineingeben und ein paar Minuten ziehen lassen (niemals kochen). Probieren, ob sie gar sind.

8 600 ml Béchamel Sauce (siehe S. 18) mit 1 EL Tomatenmark und 100 g Krabben oder Garnelen verrühren. Zu den Klößen reichen.

GEDÜNSTETE FORELLE MIT HASELNÜSSEN UND ZUCCHINI

Für 2 Personen
2 450 g Forellen
2 Zucchini
Saft einer 1/2 Zitrone
1 Bund frischer Schnittlauch
100 ml Haselnußöl
Knapp 25 g Haselnüsse

1 Die Forelle filetieren oder fertig beim Fischhändler kaufen. Die gehäuteten und entgräteten Filets mit der Hautseite nach unten in eine Schale legen, die über einen Topf paßt, um sie zu dünsten (siehe S. 14).

2 Die Zucchini in hauchdünne Streifen schneiden und mit etwas Zitronensaft beträufeln. Auf den Fisch legen. Den Fisch ca. 8 Minuten (oder bis er gar ist) dünsten.

3 Den Schnittlauch kleinhacken, mit dem restlichen Zitronensaft, dem Haselnußöl und den im Mixer zerkleinerten Haselnüssen vermischen. Man kann auch erst die Haselnüsse im Mixer zerkleinern und dann die anderen Zutaten hinzugeben und alles gut durchmixen.

4 Die Forelle auf vorgewärmte Teller geben und mit dem Haselnußdressing übergießen.

Mit gekochten, neuen Kartoffeln und frischem grünen Salat reichen.

FORELLE „BLAU"

Für 4 Personen
1 l Court Bouillon (siehe S. 21)
150 ml Weißweinessig

1 Die Forelle ausnehmen, aber nicht schuppen oder enthäuten. In einen Topf legen.

2 Mit dem Essig übergießen, lauwarmes, gutgewürztes Court Bouillon hinzufügen und ca. 10 Minuten sieden. Nicht kochen, sonst zerfällt der Fisch. Mit Zitronenscheiben und Sauce Hollandaise reichen (siehe S. 21).

Seefische

Viele Seefischsorten sind das ganze Jahr über erhältlich, seitdem der größte Teil des Fangs auf hoher See tiefgefroren wird. Daher bieten auch Gegenden, in denen keine große Auswahl an Frischfisch vorhanden ist, ein reichhaltiges Sortiment an tiefgefrorenem Fisch im Supermarkt und im Tiefkühlkostladen.

Rezepte auf der Grundlage von Plattfischen wie z. B. Seezunge lassen sich variieren; ebenso solche, die auf größeren Weißfischen basieren, die als Filet, als Steak oder zum Panieren erhältlich sind.

SEEZUNGE „GOUJON“

Für 4 bzw. als Appetithappen für 8 Personen
4 Seezungen, filetiert und enthäutet
Mehl zum Panieren
1 Ei, geschlagen
1 EL Wasser
Semmelbrösel
Öl zum Braten
Bei 190°C braten

1 Jedes Filet in 2 Stücke schneiden und die Hälften noch einmal diagonal in Streifen schneiden.

2 Die Streifen mit Mehl bestäuben und das überschüssige Mehl abschütteln. Ins geschlagene Ei eintauchen und im Paniermehl wälzen.

3 In viel Fett goldbraun fritieren.

4 Als Cocktailhappen oder Appetitanreger mit Zitronenschnitzeln servieren.

Kann mit Meeresfrüchte-Sauce oder Tartare Sauce (siehe S. 23/24) gereicht werden.

Seezunge „Goujon“

WITTLING „BERCY“

Für 4 Personen
4 Wittlinge à 300 g bzw. 1 200 g Seezunge oder Kabeljau
50 g Butter
2 kleine Zwiebeln
150 ml Weißwein
1 EL frische Petersilie, gehackt
Saft einer 1/2 Zitrone
Salz und frischgemahlener Pfeffer
15 g Butter
15 g Mehl
25 g Semmelbrösel
Zum Garnieren
Zitronenscheiben

1 Den Fisch filetieren und aus dem Abfall und den Köpfen eine Fischbrühe zubereiten (siehe S. 18).

2 Die Filets einzeln um ein Butterflöckchen zusammenrollen und ca. 8 Minuten im Fischsud pochieren. Aus der Brühe herausnehmen und warmhalten.

3 Die restliche Butter zerlassen und die feingehackten Zwiebeln einige Minuten in der zerlassenen Butter schwenken. Bei kleiner Flamme glasig (und nicht braun) braten. Den Wein hinzufügen und etwas einkochen lassen. Zum Schluß die passierte Fischbrühe, die gehackte Petersilie, den Zitronensaft und Salz und Pfeffer dazugeben.

Zum Kochen bringen und vom Herd nehmen. Butter und Mehl verkneten und unter die Flüssigkeit schlagen.

Wieder auf den Herd stellen und einige Minuten weiterrühren, bis die Sauce stockt. Über die warmgehaltenen Filets gießen.

4 Mit Semmelbröseln bestreuen und Butterflöckchen dazugeben.

Für einige Minuten in den heißen Backofen stellen oder unter dem Grill bräunen.

Statt Wittling können Sie auch Kabeljau oder Seezunge verwenden.

SEEZUNGENFILETS IN WEISSWEIN MIT CHAMPIGNONS

Für 4 Personen
4 Seezungen, filetiert
150 ml Weißwein
150 ml Wasser
1 kleine Zwiebel, abgezogen und in Scheiben geschnitten
6 kleine Champignons
1 Lorbeerblatt
frische Petersilie
4 Pfefferkörner
15 g Butter
15 g Mehl
2 EL Sahne
Backofentemperatur 170°C/Gas-Stufe 3

1 Die Seezungenfilets zusammenrollen und in eine feuerfeste Form legen.

2 Den Wein, das Wasser, die Zwiebel, die Pilzstiele, Kräuter und Gewürze darübergeben. Im Backofen 15 – 20 Minuten mit einer Folie bedeckt kochen.

3 Den Fischsud durch ein Sieb seihen und, falls erforderlich, mit Wein oder Wasser auf 300 ml auffüllen. Die Champignonhüte in dieser Flüssigkeit einige Minuten pochieren. Herausnehmen und warmstellen.

4 Mehl und Butter vermischen und aus der Fischflüssigkeit und der Mehl-Butter-Mischung eine Sauce zubereiten.

5 Vor dem Servieren die Sahne zur Sauce geben, über den warmen Fisch gießen und mit Kartoffeln, Champignons und Kresse servieren.

SEEZUNGE „DUGLERE“

Für 4 Personen
50 g Butter
1 Zwiebel, abgezogen und kleingehackt
3 Tomaten, enthäutet und kleingehackt
8 Seezungenfilets
Salz und frischgemahlener Pfeffer
150 ml Weißwein
15 g Mehl
Zum Garnieren
1 Tomate, enthäutet und in Scheiben geschnitten
etwas frische Petersilie

1 Die Hälfte der Butter in einer Bratpfanne zerlassen, die gehackte Zwiebel dazugeben und auf kleiner Hitze einige Minuten dünsten. Die Tomaten hinzufügen und weitere 2 Minuten ziehen lassen.

2 Die Filets einzeln so zusammenlegen, daß sie nur etwa ein Drittel ihrer vorherigen Länge einnehmen, und auf die Tomaten-Zwiebel-Mischung legen. Würzen und den Weißwein hinzugeben. Weitere 12 Minuten leicht kochen lassen.

3 Den Fisch herausnehmen, auf einem Teller anrichten und warmstellen. Die Sauce bei mittlerer Hitze auf die Hälfte einkochen lassen.

4 Mit dem restlichen Mehl und Butter eine Mehlschwitze zubereiten und mit der Flüssigkeit zu einer Sauce verarbeiten. Den Fisch auf einer Platte mit Kartoffeln anrichten und mit der Sauce übergießen.

Mit Tomatenscheiben und Petersilie garnieren.

SCHOLLE MÜLLERIN

Für 4 Personen
4 kleine Schollen
50 g Mehl
50 g Butter
1 EL frische Petersilie, gehackt
1 Zitrone

1 Die Schollen mit Mehl bestäuben und das überschüssige Mehl abschütteln.

2 Die Butter zerlassen und die Schollen 3 Minuten pro Seite im Fett braten.

3 Die Schollen auf einem vorgewärmten Teller anrichten und warmstellen.

4 Die Petersilie zur Butter in der Pfanne geben. Falls erforderlich, etwas Butter dazugeben.

Über den Fisch gießen und mit Zitronenschnitzeln garniert servieren.

FISCH-AUFLAUF

Für 4 Personen
450 g Schellfisch oder Kabeljau, filetiert
300 ml Milch (oder Milch und Wasser) für eine Béchamel Sauce (siehe S. 18)
2 Tomaten, enthäutet und in Scheiben geschnitten
50 g Champignons, gewaschen, in Scheiben geschnitten
Salz und frischgemahlener Pfeffer
1 kg Kartoffeln, geschält und in Scheiben geschnitten
1 Ei
2 EL Milch
25 g Butter oder Margarine
Zum Garnieren
frische Petersilie
Backofentemperatur 180°C/Gas-Stufe 4

1 Den Fisch in der Milch (oder Milch und Wasser) pochieren. In der Flüssigkeit abkühlen lassen. Die Flüssigkeit in einen Meßbecher passieren und auf 300 ml auffüllen, die für die Béchamel Sauce benötigt werden.

2 Den Fisch enthäuten und mit einer Gabel in Scheiben zerteilen.

3 Die Tomaten und die Champignons auf den Boden einer Auflauf-Form legen. Die Béchamel Sauce zubereiten, gut würzen, mit dem Fisch mischen und in die Form gießen.

4 Die Kartoffeln kochen und stampfen, durch ein Sieb passieren oder im Mixer pürieren. Mit dem geschlagenen Ei und Milch vermengen, gut abschmecken. Auf der Fisch-Mischung aufschichten und mit Butter- oder Margarine-Flöckchen besetzen. Bei mittlerer Hitze im Backofen 25 Minuten backen.

FISCH-AUFLAUF

VARIATION

Um z.B. für eine Feier einen größeren und reichhaltigeren Fisch-Auflauf zuzubereiten, können Sie eine Vielzahl von Fischsorten verwenden. Für die Decke können Sie entweder Kartoffelpüree oder Blätterteig (250 g, fertiggekauft) nehmen.

Nehmen Sie 450 g Weißfisch wie z. B. Schellfisch, Kabeljau, Seezunge oder Steinbutt und kochen Sie ihn in einer Mischung aus Weißwein und Wasser. So wird die Sauce geschmackvoller und reichhaltiger. Fügen Sie 50 g Räucherlachs in Stücken und 100 g Garnelen oder Krabben zur Sauce hinzu, die auch mit 2 TL Tomatenmark gewürzt werden kann.

SOLE VERONIQUE

Für 4 Personen
Füllung
100 g grüne Weintrauben
25 g Butter
½ kleine Zwiebel, in Würfel geschnitten
2 EL Semmelbrösel
Salz und frischgemahlener Pfeffer
Fisch
2 kg Seezunge im Stück
1 Lorbeerblatt
1 kleine Zwiebel, abgezogen und in Scheiben geschnitten
6 Pfefferkörner
Salz
150 ml Weißwein oder Weißwein und Wasser
300 ml Velouté Sauce (siehe S. 18), zubereitet aus Fischsud und Milch
2 EL Sahne
Zum Garnieren
grüne Weintrauben
Kresse
Backofentemperatur 180°C/Gas-Stufe 4

1 Die Weintrauben für ca. 5 Sekunden in kochendes Wasser halten. Halbieren, die Haut abziehen und die Kerne entfernen.

2 Um die Füllung zuzubereiten, die Butter zerlassen und die Zwiebel bei schwacher Hitze 4 Minuten darin auslassen. Mit dem Paniermehl mischen und 50 g der gehackten Weintrauben und Gewürze hinzugeben.

3 Den Fisch filetieren, mit der Außenseite nach innen wenden und mit der Füllung füllen. In eine feuerfeste Form legen und das Lorbeerblatt, Zwiebel und Gewürze hinzugeben. Mit dem Wein begießen. Die Form sollte zur Hälfte mit dem Wein gefüllt sein.

4 Den Fisch nach dem Kochen herausnehmen und warmstellen. Die Flüssigkeit auf 150 ml einkochen und in einen Topf geben. Aus Fischsud und Milch 300 ml Velouté Sauce bereiten.

5 Die Sahne zur leicht abgekühlten Sauce dazugeben und über den Fisch gießen.

Mit grünen Weintrauben und Kresse garnieren. Falls Seezunge nicht erhältlich sein sollte, nehmen Sie Scholle.

ROCHEN IN KAPERNSAUCE

Für 4 Personen
4 Rochenflügel
300 ml Wasser
1 EL Essig
1 kleine Zwiebel, abgezogen und in Scheiben geschnitten
1 Lorbeerblatt
Salz und frischgemahlener Pfeffer
15 g Butter
15 g Mehl
3 EL Kapern, gehackt
2 EL frische Petersilie, gehackt
Backofentemperatur 180°C/Gas-Stufe 4

1 Die Rochenflügel in eine Backform geben und den Essig, das Wasser, die Zwiebel und das Lorbeerblatt hinzufügen. Mit Salz und Pfeffer würzen.

2 Aus Butter, Mehl und 300 ml Fischsud in einem Topf eine Sauce bereiten, die Flüssigkeit vorher durchseihen. Die gehackten Kapern und die Petersilie dazugeben.

Die Sauce über den Fisch gießen und mit Röstkartoffeln und Gemüse servieren.

Erhalten Sie keinen Rochen, verwenden Sie Heilbutt oder Steinbutt.

SEEBARBE A LA PROVENCALE

Für 2 Personen
4 Seebarben
25 g Butter
300 ml Tomaten-Sauce (siehe S. 28)
1 grüne oder rote Paprikaschote, entkernt und gewürfelt
1 EL Portwein oder Sherry
Salz und frischgemahlener Pfeffer
schwarze Oliven ohne Steine
Zum Garnieren
Zitronenschnitzel
4 Sardellenfilets
Backofentemperatur 180°C/Gas-Stufe 4

1 Den Fisch mit zerlassener Butter bestreichen und unter dem heißen Grill 2 Minuten pro Seite grillen.

2 In eine feuerfeste Form legen.

3 Die Tomaten-Sauce mit der gewürfelten Paprika vermengen. Den Portwein oder Sherry hinzugeben. Den Fisch würzen, die Sauce darübergießen und mit den Oliven belegen.

4 20 Minuten backen. Mit den Zitronenschnitzeln und den Sardellenfilets garnieren. Heiß servieren. Das Gericht kann auch abgekühlt als Vorspeise gereicht werden.

Rote Seebarbe oder rouget, *wie er in Frankreich heißt, hat einen sehr delikaten Geschmack, der am besten zur Geltung kommt, wenn man ihn grillt oder in Folie backt. Er hat keinen bitteren Beigeschmack und muß auch nicht ausgenommen werden; ja die Leber gilt als ausgesprochene Delikatesse.*

MEERÄSCHE GEBACKEN

Für 4 Personen
1 kg Meeräsche, ausgenommen und gesäubert
50 g Grüne Butter (siehe S. 30)
1/2 Zitrone, in Scheiben geschnitten
1 kleine Zwiebel, abgezogen und geviertelt
frischer Thymian
frische Petersilie
Backofentemperatur 180°C/Gas-Stufe 4

1 Den Fisch innen und außen mit der Grünen Butter einfetten.

2 Die Zitronenscheiben, die geviertelte Zwiebel und die Kräuter in die geöffnete Bauchseite geben.

3 Auf der Rückenseite des Fisches einen S-förmigen Schnitt machen und etwas Thymian einstecken.

4 5 Minuten backen. Mit Gribiche Sauce und Grüner Butter (siehe S. 22, 30) servieren.

Der Fisch kann auch in Folie gebacken werden.

ROTBARSCH A LA CREOLE

Für 4 Personen
1½ kg Rotbarsch
Salz und frischgemahlener Pfeffer
Saft einer Zitrone
frischer Thymian
1 Lorbeerblatt
frische Petersilie
4 Pimentkörner, zerstoßen
4 Nelken
Füllung
½ Zwiebel
25 g Butter
von 100 g Champignons die Stiele, gehackt
2 EL Paniermehl
1 EL gehackte Petersilie
Salz und frischgemahlener Pfeffer
Sauce
150 ml Weißwein
25 g Butter
1 große Zwiebel, abgezogen und feingehackt
2 große Tomaten, enthäutet
100 g Champignons, in Scheiben geschnitten
1 425-g-Dose Tomaten
Zum Garnieren
gehackte Petersilie
Backofentemperatur 170°C/Gas-Stufe 3

1 Den Fisch gründlich waschen. Innen und außen mit Gewürzen und Zitronensaft einreiben. Auf der Rückenseite einen S-förmigen Schnitt anbringen und diesen mit Thymian, dem Lorbeerblatt, Petersilie und den Nelken füllen.

2 Die Füllung zubereiten, indem die Zwiebel in der Butter gedünstet wird, bis sie glasig ist, ca. 4 Minuten bei kleiner Flamme. Die Champignonstiele dazugeben und weitere 2 Minuten braten.

3 Paniermehl, Petersilie und Gewürze hinzufügen und in die Bauchöffnung des Fisches füllen.

4 Den Fisch in eine flache Schüssel legen und mit dem Wein begießen. 20 Minuten bedeckt mit einem Stück Folie im Backofen backen.

5 In der Zwischenzeit die Butter zerlassen, die Zwiebel hinzufügen und dünsten, bis sie glasig ist. Die enthäuteten Tomaten und die in Scheiben geschnittenen Tomaten dazugeben und einige Minuten bei schwacher Hitze kochen. Die Dosentomaten dazugeben, würzen und 10 Minuten weiterkochen.

6 Nachdem der Fisch 20 Minuten im Backofen war, die Sauce darübergeben und weitere 10 – 15 Minuten garen lassen.

Mit gehackter Petersilie bestreuen und servieren.

Das klassische kreolische Rezept enthält auch Austern und Krabben, die der Sauce beim 5. Zubereitungsabschritt hinzugefügt werden.

FISCH-KEBAB AUF REIS MIT PIKANTER TOMATENSAUCE

Für 4 Personen
2 dicke Kabeljausteaks
8 mittelgroße Champignons
8 Lorbeerblätter
8 Garnelen oder Krabben, gekocht
1 grüne Paprikaschote, entkernt
1 rote oder gelbe Paprikaschote, entkernt
2 Zucchini, in dicke Scheiben geschnitten
Marinade
4 EL Öl
6 EL Zitronensaft
Salz und frischgemahlener Pfeffer
1 EL grobgehackte Petersilie
1 Lorbeerblatt
1 kleine Zwiebel, in dünne Ringe geschnitten
1/2 TL Paprika
225 g Langkornreis, ungekocht
1/2 TL Kurkuma (Gelbwurz)
Zum Garnieren
Zitronenschnitzel
frische Petersilie

1 Den Kabeljau in 12 gleichgroße Stücke schneiden und auf Fleischspieße ziehen. Die Spieße abwechselnd mit Fisch, Champignon, Lorbeerblatt, Garnelen oder Krabben, blanchierten Paprika-Würfeln und Zucchini-Scheiben bestücken.

2 Die Marinade zubereiten und über den Fisch geben. 3 Stunden in der Marinade ziehen lassen, die Spieße ab und zu drehen.

3 4 Tassen Wasser und Kurkuma zum Reis geben und diesen kochen: entweder wie auf der Packung angegeben oder nach dem Paella-Rezept (siehe S. 24).

4 Den Grillrost mit Öl bestreichen, um zu verhindern, daß der Fisch anbrennt. Die Spieße auf jeder Seite 4 Minuten grillen, bis der Fisch gar ist. Auf dem heißen Reis anrichten und mit Pikanter Tomatensauce (siehe S. 27) servieren. Grünen Salat dazu reichen.

NIZZA-SALAT

Für 4 Personen
450 g Kartoffeln, gekocht
250 g grüne Bohnen, frisch oder tiefgefroren
1 200-g-Dose Thunfisch
150 ml Zitronenessig
4 Tomaten, enthäutet und in Scheiben geschnitten
1/4 Salatgurke
2 hartgekochte Eier
12 schwarze oder grüne Oliven, ohne Steine
6 Sardellenfilets, in dünne Scheiben geschnitten
Zum Garnieren
kleine Tomaten

1 Die Kartoffeln in der Schale kochen. Abpellen und in feine Würfel schneiden. Die Bohnen in wenig aber kochendem Wasser ca. 6 Minuten kochen. Es können auch tiefgefrorene Bohnen verwendet werden; die Zubereitung erfolgt dann nach den Hinweisen auf der Packung.

2 Die Kartoffeln mit den Bohnen und der Hälfte des Thunfisches vermengen. 3/4 des Zitronenessigs dazugeben.

3 Die Tomatenscheiben am Rand und auf dem Boden einer Salatschüssel auslegen, darauf die dünnen Gurkenscheiben legen, mit etwas Zitronenessig beträufeln. Einige Thunfischstücke auf die Tomaten und Gurkenscheiben geben.

4 Die Eier können in Scheiben oder in Spalten geschnitten werden. Sie werden zum Garnieren genommen und unter die Salat-Masse gelegt.

5 Die Fisch-Mischung in die Mitte der Schüssel geben, die Sardellenfilets im Karo-Muster auf die Bohnen legen und in jedes Karo eine Olive geben. Mit der übriggebliebenen Marinade übergießen.

Dieses Gericht ist ein leckerer Imbiß, eine beliebte Vorspeise und ein bekannter Bestandteil des Salatbüffets. Baguette dazu reichen.

RÄUCHERFISCH-KROKETTEN

Ergibt 16 Kroketten
500 g geräucherter Schellfisch oder Dorsch
150 ml Milch
1 kleine Zwiebel, feingehackt, oder 6 Lauchzwiebeln
675 g Kartoffeln, geschält und gekocht
1 Ei, hartgekocht
ein paar Tropfen Worcester-Sauce
1 EL Petersilie, gehackt
1 Ei, geschlagen
125 g Semmelbrösel
Öl zum Braten

1 Den Fisch in etwas Milch mit einem Butterflöckchen pochieren und in der Flüssigkeit abkühlen lassen. Herausnehmen, zerteilen und in eine Schüssel geben.

2 Wenn Lauchzwiebeln verwendet werden, diese kleinhacken und zur Masse geben. Werden gewöhnliche Zwiebeln verwendet, diese in ein wenig Butter andünsten, ohne sie zu bräunen.

3 Die Kartoffeln im Mixer zerkleinern oder durch ein Sieb passieren und 4 EL Fischsud dazugeben. Das gehackte, hartgekochte Ei, die Worcester-Sauce, die gehackte Petersilie und eine Prise Pfeffer hinzugeben und alles gut miteinander vermengen. Vor dem Salzen bitte abschmecken; der Fisch selbst kann sehr salzig sein.

Die Hände mit Mehl bestäuben und aus der Masse 5 cm-lange Würstchen formen. Im Kühlschrank abkühlen, dann in Ei und Paniermehl wälzen.

4 In heißem Fett fritieren und mit Gemüse oder einem Salat servieren.

Sie können einen größeren Vorrat zubereiten, einfrieren und nach Wunsch auftauen und verbrauchen.

SCHELLFISCH-SOUFFLE GERÄUCHERT

Für 4 Personen
450 g geräucherter Schellfisch
300 ml Milch
25 g Butter
25 g Mehl
Salz und frischgemahlener schwarzer Pfeffer
1 Prise Cayenne-Pfeffer
1 Prise Muskatnuß, gerieben
4 Eigelb
2 EL Sahne
6 Eiweiß
Backofentemperatur 190°C/Gas-Stufe 5

1 Den Fisch in der Milch mit 1/4 der Butter 10 Minuten bei schwacher Hitze kochen (siehe S. 14), bis er gar ist.

2 Den Fisch herausnehmen und den Sud mit etwas Wasser auf 300 ml auffüllen. Den Fisch enthäuten und mit einer Gabel in Scheiben zerteilen.

3 Die Butter zerlassen und unter Beigabe des Mehls eine Schwitze bereiten. Den Fischsud würzen. Beim Salzen aufpassen; der Fisch selbst kann sehr salzig sein. Den Sud zur Mehlschwitze geben und daraus eine dickflüssige Sauce bereiten. Davon etwas zum Eigelb und zur Sahne geben, verrühren und zur Sauce zurückgießen. Den Fisch dazugeben.

4 Eine Soufflé-Form (17 cm im Durchmesser) gut einfetten und mit der einen Hälfte der Fischmasse füllen. Die Eiweiß schlagen, so daß sie locker, aber nicht zu steif sind, und unter die verbliebene Hälfte der Fischmasse heben. In die Form füllen und 30 — 35 Minuten backen.

Sofort servieren, mit einem Salat zum Mittag- oder Abendessen, oder als Vorspeise beim festlichen Menü.

GEFÜLLTE KARTOFFELN MIT THUNFISCH

Für 4 Personen
4 große Kartoffeln, gebürstet
4 Tomaten, enthäutet und gehackt
4 Lauchzwiebeln, gewaschen und gehackt
4 EL saure Sahne
Salz und frischgemahlener Pfeffer
1 200-g-Dose Thunfisch in Öl
Backofentemperatur 180°C/Gas-Stufe 4

1 Die Haut der Kartoffeln kreuzweise einschneiden und 1 Stunde backen bzw. so lange, bis sie gar sind.

2 Die Kartoffeln halbieren, das Fleisch herauslöffeln, die Haut zurückbehalten.

3 Alle Zutaten miteinander vermengen, gut würzen und in die Kartoffelhaut zurückfüllen.

4 Vor dem Servieren noch einmal aufwärmen.

Gefüllte Kartoffeln mit Thunfisch

GEFÜLLTE MAKRELE GEBACKEN

Für 4 Personen
4 Makrelen
Salz und frischgemahlener Pfeffer
2 EL Zitronensaft
4 EL Öl
1 mittelgroße Zwiebel
100 g Stachelbeeren, frisch oder aus der Dose
4 EL Paniermehl
1 EL gehackte Petersilie
1 TL gehackte Minze
Salz und frischgemahlener Pfeffer
25 g Butter
Zum Garnieren
Zitronenschnitzel
Backofentemperatur 200°C/Gas-Stufe 6, herunterschalten auf 180°C/Gas-Stufe 4

1 Fisch säubern, Kopf abschneiden, an der Bauchseite aufschneiden und die Hauptgräte entfernen. Mit Salz und Pfeffer bestreuen und mit etwas Zitronensaft beträufeln.

2 2 EL Öl erhitzen und die Zwiebeln darin fritieren. Die Stachelbeeren dazugeben und gut vermengen.

3 Paniermehl, Petersilie, Minze, Zitronensaft und Gewürze mischen und zu den Stachelbeeren und den Zwiebeln geben. Gut vermengen.

4 In die Fische füllen und die Makrelen mit einem Zahnstocher verschließen.

5 Die Fische mit dem restlichen Öl in einen Brattopf legen, mit Butterflöckchen besetzen und im heißen Backofen 15 Minuten backen. Die Hitze reduzieren und weitere 15 – 20 Minuten backen, bis der Fisch gar ist.

EINGELEGTER HERING GEBACKEN

Für 4 Personen
8 Heringe, filetiert
1 EL Salz
frischgemahlener Pfeffer
1 TL Gewürzmischung
8 Pfefferkörner, zerstoßen
1 Lorbeerblatt
300 ml Essig
300 ml Wasser
Backofentemperatur 170°C/Gas-Stufe 3

1 Die Heringe filetieren (siehe S. 11). Sie können auch Ihren Fischhändler darum bitten. Die Innenseite der gewaschenen Fische würzen.

2 Die Fische zusammenrollen und mit einem Zahnstocher zusammenhalten. Die Heringe in eine Backform oder einen Bratentopf geben.

3 Die übrigen Zutaten in einem Topf zum Kochen bringen, 5 Minuten ziehen und leicht abkühlen lassen.

4 Über den Fisch gießen und im Backofen mit einer Folie bedeckt 1 Stunde backen.

In der Flüssigkeit abkühlen lassen und mit grünem Salat servieren.

HERING IN HAFERMEHL MIT SENFSAUCE

Für 4 Personen
4 Heringe, filetiert
4 EL Milch
1 EL Mehl
1 Ei, geschlagen
50 g Hafergrütze
Senfsauce (siehe S. 29)
Öl zum Braten

1 Die Heringe filetieren (siehe S. 11) oder den Fischhändler darum bitten. Gründlich unter kaltem, fließenden Wasser waschen.

2 Die Fische 1/2 Stunde in der Milch einweichen, abtrocknen und im Mehl wälzen.

3 Die Fische im geschlagenen Ei eintauchen und reichlich in der Hafergrütze wälzen.

4 In heißem Fett braten, erst die Bauchseite, dann wenden, bis beide Seiten goldbraun sind. Mit Zitronenschnitzeln und der Senfsauce servieren. Zu diesem Gericht sind neue Kartoffeln besonders schmackhaft.

TEUFELSHERING

Für 4 Personen
4 Heringe, filetiert
4 EL scharfer Senf
4 EL Paniermehl
Sauce
150 ml Speiseöl
3 EL Weißweinessig
1 TL Kapern, gehackt
1/2 TL Estragon, getrocknet
1 Lauchzwiebel, feingehackt
Salz und frischgemahlener Pfeffer

1 Den Grill vorheizen. Die entgräteten Heringe am Rücken jeweils 3mal einschneiden. In den Grill stellen.

2 Die Fische mit dem Senf bestreichen und mit dem Paniermehl bestreuen. Mit etwas Speiseöl einpinseln und unter hoher Hitze 5 Minuten grillen. Auf mittlere Hitze herunterschalten und weitere 5 Minuten grillen.

3 Alle Saucen-Zutaten in einen Mixbecher geben und gut umrühren. In einer Sauciere warm oder kalt servieren.

SARDINEN A LA PROVENCALE

Für 4 Personen
1 kg Sardinen, frisch oder tiefgefroren
Salz und frischgemahlener Pfeffer
4 EL Paniermehl
1 TL Anchovisextrakt
1 TL frische oder 1/2 TL getrocknete Gewürzmischung
1 TL frische Petersilie, gehackt
2 Eier, geschlagen
1 kg Spinat
2 TL Speiseöl
2 EL Sahne
2 TL Parmesan-Käse
2 TL Speiseöl
Backofentemperatur 180°C/Gas-Stufe 4

1 Falls tiefgefroren, Sardinen auftauen. Auf der Bauchseite einschneiden und die Hauptgräte entfernen. Gut würzen und noch nicht zusammenklappen.

2 EL Paniermehl, die Gewürze, den Anchovisextrakt und die Kräuter in eine Schüssel geben und mit etwas vom geschlagenen Ei verrühren.

3 In jede Sardine etwas von der Füllung geben und zusammenklappen.

4 Den Spinat 2 Minuten in kochendem Wasser blanchieren. Bei tiefgefrorenem Spinat dauert's 4 Minuten. Sorgfältig abgießen.

5 Mit Salz und Pfeffer gut würzen. Sahne und restliches Ei unterrühren. Den Spinat auf den Boden einer feuerfesten Form geben, die Sardinen darauflegen. Die Fische mit einer Mischung aus 2 EL Paniermehl und 2 TL Parmesan-Käse bestreuen. Mit Öl einpinseln und im Backofen backen, bis der Fisch eine goldbraune Farbe annimmt.

Schalen- und Krustentiere

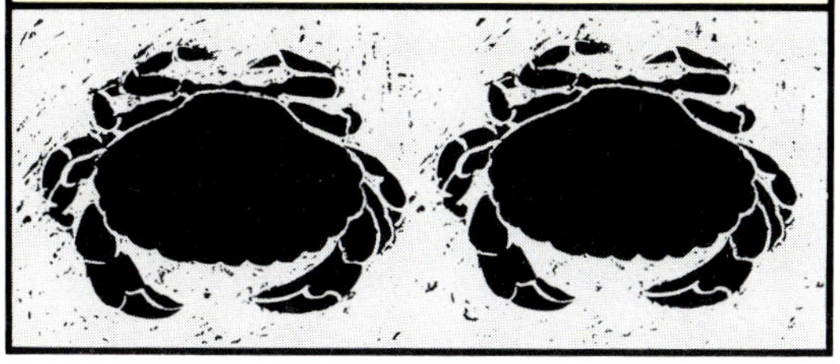

Zu den Schalentieren **(Mollusca)** gehören alle Muschelarten wie z. B. Miesmuscheln, Jakobsmuscheln und Austern.
Auch Tintenfische gehören zu den Schalentieren.

Die Krustentiere **(Crustacea)** unterteilen sich in Garnelen, Langusten, Hummer und Krebse.

Die Vertreter beider Gruppen kommen sowohl im Süßwasser als auch im Salzwasser vor.

SCHALEN- UND KRUSTENTIERE

Schalentiere werden gewöhnlich vom Fischhändler koch- oder bratfertig verkauft, mit Ausnahme von Austern, Jakobsmuscheln und Miesmuscheln. Lebende Hummer muß man in der Regel vorbestellen. Schalentiere kann man mittlerweile das ganze Jahr über kaufen, obwohl die verschiedenen Gegenden, aus denen sie kommen, ihre unterschiedlichen Saisonzeiten haben. Es ist immer ratsam, vorzubestellen. Fischhändler führen meist keinen großen Vorrat, da Schalentiere leicht verderblich sind. Man darf sie nicht zu lange kochen, sonst wird das Fleisch leicht zäh.

Einige Teile der Schalentiere sind nicht genießbar, z.B. die Kiemen und die grauen, schwammartigen Teile bei Hummer und Krebsen und bei Muscheln der Bart. Der Händler säubert die Schalentiere für Sie oder erklärt Ihnen gern, wie man das macht.

Austern sind inzwischen frisch, gefroren oder vorgekocht das ganze Jahr über erhältlich. Man öffnet sie mit einem speziellen Austernmesser, einem kurzen, spitzen Gerät. Dazu nimmt man die Auster mit der gewölbten Schale nach unten in die eine Hand, führt das Messer zwischen die Schalen und dreht es ein paar mal hin und her, bis sich die Schale öffnet. Immer über einer Schüssel öffnen, um den Saft aufzufangen.

Frische Jakobsmuscheln werden bereits geöffnet und gesäubert verkauft. Gefrorene Jakobsmuscheln gibt es das ganze Jahr über zu kaufen.

Miesmuscheln sind nur in geschlossenem Zustand genießbar. Zerbrochene oder bereits geöffnete Schalen sofort aussortieren. Normalerweise schließen sie sich, wenn man leicht anklopft. Gründlich waschen und den Bart entfernen (siehe dazu Muschelrezept S. 110). Muscheln, die sich beim Kochen nicht geöffnet haben, wegwerfen.

Krebse gibt es ebenfalls das ganze Jahr über. Man kocht sie in kochendem Salzwasser. Krebse mittlerer Größe (12 – 15 cm) schmecken am besten, kleinere haben weniger und größere meist zäheres Fleisch.

AUSTERN

Die meisten Leute geben der Auster „au naturel" den Vorzug, d.h. roh aus der Schale mit nur einem Spritzer Zitrone. Es gibt jedoch auch andere delikate Zubereitungsarten, die bei Liebhabern der Auster hoch im Kurs stehen.

AUSTERN A L'AMERICAINE

Für 4 Personen
24 Austern
100 g Semmelbrösel
50 g Butter
frischgemahlener schwarzer Pfeffer
100 g Gruyère-Käse, gerieben
Backofentemperatur 220°C/Gas-Stufe 7

1 Die Austern aus den Schalen nehmen und die tieferen Schalen sorgfältig ausspülen. Austern abtropfen lassen und auf Küchenkrepp abtupfen.

2 Die Hälfte der Semmelbrösel in der Butter rühren, bis sie goldbraun werden. Ein wenig davon in jede der 24 Schalenhälften geben und mit Pfeffer würzen. Austern in die Schalen zurücklegen, mit einer Mischung aus Semmelbröseln und dem Gruyère-Käse bestreuen und im heißen Backofen überbacken.

Sofort heiß servieren.

AUSTERN-SPIESSE

Für 4 Personen
24 Austern
300 ml trockener Weißwein und Wasser
1 EL Öl
12 Streifen Frühstücksspeck, ohne Rinde
frischgemahlener schwarzer Pfeffer
4 Scheiben Toast, in lange Streifen geschnitten
50 g Semmelbrösel
25 g Butter
3/4 TL Cayenne-Pfeffer

1 Die geöffneten Austern über einem mit einem Tuch ausgelegten Sieb austropfen lassen, um den Saft aufzufangen. Den Wein, das Wasser und den Saft in einem Topf erhitzen und eine Prise Pfeffer dazugeben.

2 Die Austern ein paar Minuten in den Sud geben, ohne zu kochen. Wenn sie fest und rund werden, herausnehmen.

3 Die Speckscheiben halbieren und mit dem Messer dehnen. Auf kleiner Flamme in wenig Öl anbraten, bis der Fettstreifen glasig wird. Nicht kroßbraten.

4 Jede Auster mit einem Speckstreifen umwickeln und auf den Spieß stecken.

5 Die Spieße einige Minuten unter heißem Grill braten und dabei umdrehen.

6 Auf die langen Toaststreifen legen und warmstellen.

7 Das Paniermehl in der Butter goldgelb rösten und mit dem Cayenne-Pfeffer mischen. Auf die Spieße streuen und heiß servieren.

Das Rezept läßt sich auch mit Muscheln variieren.

HUMMER

Zubereitung von lebendem Hummer. Einen Grillspieß oder ein spitzes Messer durch das Kreuz, das sich am Kopfende befindet, stoßen. Den Hummer fest hinter dem Kopf packen und in einen großen Topf mit sprudelndem, gesalzenem Wasser geben. Ein Lorbeerblatt, Petersilie oder ein Kräutersträußchen kann hinzugefügt werden. Kochzeit 15 Minuten je Pfund Hummer. Im Sud erkalten lassen. Die Fühler des Hummers nicht entfernen, wenn er mit der Schale serviert wird. Wenn er abgekühlt ist, die Scheren abdrehen und die kleineren Scheren zum Garnieren behalten.

ANGEMACHTER HUMMER

1 Die Scheren mit einem kleinen Hammer zertrümmern und das Fleisch mit einem Spieß herausholen.

2 Mit einem scharfen Messer den Hummer vom Kopf zum Schwanzende hin aufschneiden. Den Darmsack rechts vom Kopf entfernen, ebenso die grauen schwammigen Teile.

3 Das Corail (grünlich) entfernen, waschen und zum Garnieren aufheben.

4 Jetzt das ganze Fleisch aus der Schale nehmen. Das grünliche Leberfleisch behalten; es ist eßbar.

5 Mit Zitronensaft beträufeln und würzen (auch mit Mayonnaise) und wieder in die Schale legen. Auf Salatblättern angerichtet servieren.

Hummer schmeckt am besten, wenn er ca. 650 g — 1 kg wiegt. Das ergibt 2 gute Portionen oder ca. 400 g Fleisch. Ein gekochter Hummer fühlt sich schwer an, sein Schwanz muß elastisch und eingezogen sein.

Unter Garnelen (Scampi) und Krabben (Shrimps) versteht man verschiedene Sorten von Schalentieren, von den kleinen Krabben bis zu den großen Königs-Garnelen. Gewöhnlich werden sie gekocht verkauft, und überall sind sie tiefgefroren erhältlich.

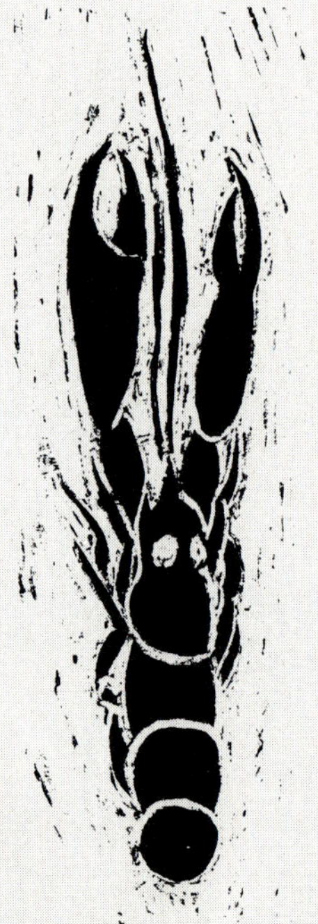

HUMMER NEWBURG

Die meisten Hummergerichte werden mit frischgekochtem Hummer zubereitet. Das bedeutet, daß man den Hummer vor dem Zubereiten töten muß. Wer davor zurückschreckt, kann auf den delikaten Hummer Newburg zurückgreifen, weil man ihn mit fertiggekochtem Hummerfleisch vom Fischhändler zubereiten kann.

Für 4 Personen
1 kg Hummer, gekocht
25 g Butter
Salz und frischgemahlener Pfeffer
2 EL Cognac
3 Eigelb
150 ml Schlagsahne
275 g gekochter Reis
Zum Garnieren
1 EL kleingehackte Petersilie
Zitronenschnitzel

1 Die weichere Schale am Schwanzende mit der Schere aufschneiden. Die harte Schale abstreifen, um den Schwanz heil zu lassen.

2 Die Scheren mit einem kleinen Hammer zertrümmern und vorsichtig mit einem Spieß das Fleisch herausholen.

3 Auf kleiner Flamme die Hälfte der Butter zergehen lassen. Das Fleisch aus den Scheren und das in Scheiben geschnittene Schwanzfleisch dazugeben, gut würzen, ca. 3 Minuten garen.

4 Den Cognac in einer Schöpfkelle erhitzen und anzünden. Den brennenden Cognac über den Hummer geben. Wenn die Flamme erlischt, die Pfanne vom Feuer nehmen.

5 Die Eigelb mit der Sahne und der restlichen Butter vermengen. Gut würzen.

6 Die Pfanne mit dem Hummerfleisch wieder auf kleine Flamme stellen und die Eimischung langsam darübergeben. Mit einem Holzlöffel umrühren, bis die Sauce cremig und dick ist.

Auf heißem gekochtem Reis servieren, garniert mit Petersilie und Zitronenschnitzeln.

Vinho
MEDIUM DRY

MUSCHELN MARINIERE

Für 4 Personen
ca. 1 kg Miesmuscheln
50 g Butter
1 mittelgroße Zwiebel, feingehackt
1 – 2 Knoblauchzehen, zerdrückt
250 ml Weißwein
1 Lorbeerblatt
frische Petersilie
2 EL gehackte Petersilie, nach Wahl
2 EL Sahne, nach Wahl

1 Vor dem Zubereiten der Muscheln prüfen, ob sie noch leben. Leicht an die Schale klopfen, geöffnete Muscheln wegwerfen. Unter fließendem Wasser bürsten und abspülen, Bart entfernen. In eine Schüssel mit kaltem Wasser geben und mehrmals mit Wasser durchspülen, um den Sand zu entfernen.

2 In einem großen Topf oder einer großen Pfanne die Butter erhitzen. Gehackte Zwiebel und zerdrückten Knoblauch dazugeben. Leicht in der Butter garen, nicht bräunen.

3 Den Weißwein, das Lorbeerblatt und die Petersilie dazugeben. Auf große Hitze schalten und die gewaschenen Muscheln dazugeben. Ca. 6 – 10 Minuten garen, dabei im Topf schwenken, bis alle Muscheln geöffnet sind.

Muscheln, die sich nicht öffnen, wegwerfen. Die Muscheln auf Suppenteller geben und nach Wahl die Sahne und kleingehackte Petersilie in den Sud geben. Kurz erhitzen und dann über die Muscheln gießen.

Mit warmem Baguette reichen, zusätzliche Teller für die Schalen nicht vergessen.

MEERESFRÜCHTE-QUICHE

Für 4 – 6 Personen
Mürbeteig
175 g Mehl
50 g Butter oder Margarine
40 g Palmin
1 Eigelb
ein paar Tropfen Wasser
Füllung
1 große oder 3 mittelgroße Tomaten, enthäutet
einige Basilikumblätter, kleingehackt
100 g Garnelen-, Krabben-, Krebs- oder Hummerfleisch, frisch oder aus der Dose
3 Eier
150 ml Schlagsahne
Salz und frischgemahlener weißer Pfeffer
Backofentemperatur 200°C/Gas-Stufe 6, herunterschalten auf 170°C/Gas-Stufe 3

1 Für den Teig das Mehl durch ein Sieb in eine Schüssel geben, das Salz und das Fett in kleinen Portionen dazugeben. Das Fett einrühren, bis die Mischung krümelig ist. In der Mitte ein Loch machen und das Eigelb und 2 – 3 Tropfen Wasser hineingeben. Mit dem Teigspachtel durchkneten. Wenn die Mischung zu trocken erscheint, vorsichtig 2 oder 3 Tropfen Wasser dazugeben (man kann beim Teig immer Flüssigkeit zugeben, aber niemals reduzieren). Mit der Hand leicht durchkneten, bis sich ein elastischer, weicher Teig bildet (vollständig vom Schüsselrand gelöst). Im Kühlschrank ca. 20 Minuten gehen lassen.

2 Jetzt eine Springform (18 cm Durchmesser) oder eine Quiche-Form vorbereiten. Ein Stück Wachspapier etwas größer als die Backform zuschneiden und getrocknete Bohnen bereithalten.

3 Die Arbeitsplatte mit Mehl bestäuben und den Teig ausrollen, ca. 1/2 cm dick und ca. 4 cm größer als die Backform. Den Teig mit dem Teigroller anheben und in die Form legen. Mit dem Teigroller über den Rand der Backform rollen, um den überstehenden Teig sauber abzuschneiden.

4 Mit dem Wachspapier und den trockenen Bohnen auslegen und ca. 20 Minuten backen. Hitze herunterschalten, wenn die Quiche aus dem Ofen genommen ist.

5 Die Tomaten in Scheiben schneiden, den Teigboden damit belegen und mit dem Basilikum bestreuen. Die Schalentiere über die Tomaten geben.

6 Die Eier mit der Sahne verquirlen, würzen und auf die Backform gießen.

7 Auf mittlerer Schiene im Backofen backen, bis die Masse stockt und eine goldene Farbe annimmt. Mit frischer Kresse garnieren.

Teig und Mischung kann man auch in kleinen Formen backen, um sie als Vorspeise oder Zwischenmahlzeit zu reichen.

QUICHE MIT GERÄUCHERTEM LACHS

Die Schalentiere durch 100 g geräucherten Lachs, kleingeschnitten, ersetzen. Spargel anstelle von Tomaten verwenden. Basilikum weglassen (Foto umseitig).

TINTENFISCH MIT PAPRIKA IM REISRING

Für 4 Personen
4 EL Pflanzenöl
50 g Butter
1 Zwiebel, geschält und feingehackt
2 Lauchzwiebeln, gewaschen und gehackt
1 Knoblauchzehe, zerdrückt
6 Tomaten, enthäutet und kleingehackt, oder 1 400-g-Dose Tomaten
1 rote und 1 grüne Paprikaschote, entkernt
1 Kräutersträußchen
Salz und frischgemahlener Pfeffer
4 EL Weißwein
1 kg Tintenfisch, gesäubert
2 EL Cognac
400 g Reis, gekocht
1/2 TL Paprika
Backofentemperatur 180°C/Gas-Stufe 4

1 Die Hälfte der Butter und des Öls in einer Pfanne erhitzen und die Zwiebeln und den Knoblauch darin ca. 4 Minuten über kleiner Flamme garen.

2 Die Paprikaschoten in feine Streifen schneiden, etwas zum Garnieren zurückbehalten und weitere 2 Minuten mitgaren. Dann die Möhre, die Tomaten, das Kräutersträußchen und den Weißwein dazugeben. Gut würzen und auf kleiner Flamme ca. 5 Minuten kochen.

3 Den Tintenfisch in gleichgroße Stücke schneiden. Das restliche Öl und die Butter in einer anderen Pfanne erhitzen und den Tintenfisch darin scharf anbraten, bis er goldbraun ist. Den Cognac in einer Schöpfkelle erhitzen und anzünden, über den Tintenfisch geben, wenn die Flamme erlischt. Den Tintenfisch in die Gemüsemischung geben und zugedeckt ca. 20 – 25 Minuten im Backofen garen.

4 Eine Ringform (ca. 20 – 25 cm Durchmesser) einfetten und den gekochten Reis hineingeben. Mit einer Folie abdecken und im Backofen ca. 10 – 15 Minuten garen.

5 Den Reis in eine vorgewärmte Schüssel stürzen, die Tintenfisch-Gemüse-Mischung daraufgeben und mit Paprikastreifen garnieren.

Geräucherter Lachs Quiche

ANGEMACHTER KREBS

Für 2 Personen
1 gekochter Krebs
2 EL Semmelbrösel
1 – 2 EL Mayonnaise (siehe S. 22)
1/2 TL scharfer Senf
Salz und frischgemahlener Pfeffer
Saft einer 1/2 Zitrone
Zum Garnieren
frische Petersilie, kleingehackt
Paprikapulver
1 hartgekochtes Ei
Kopfsalat

1 Den gekochten Krebs auf ein Brett legen und die Scheren abdrehen. Mit einem Hammer die Scheren aufschlagen. Das weiße Fleisch mit einem Spieß herausholen und in eine Schüssel geben.

2 Den Krebs fest mit beiden Händen packen und mit dem Daumen den Körper aus der Schale drücken.

3 Die folgenden Teile herausnehmen und wegwerfen: den Darmsack, der an der Schale hängt; jegliche grüne Masse, die in der Schale hängt; und zuletzt die grauen, schwammigen Teile.

4 Das bräunliche Fleisch von der Schale in eine Schüssel schaben.

5 Den Krebskörper in zwei Hälften teilen und jegliches weiße Fleisch von der Schale schaben.

6 Die Schale abklopfen, um die scharfen Kanten zu entfernen. Die Schale gut waschen und abbürsten (innen und außen) und ausspülen (kein Spülmittel verwenden).

7 Die Schale gut abtrocknen und mit Olivenöl einpinseln.

8 Die Semmelbrösel mit dem bräunlichen Fleisch vermengen, die Mayonnaise daruntermischen, dann den Senf und die Gewürze hinzufügen.

9 Das weiße Fleisch mit Zitronensaft beträufeln, salzen und pfeffern und seitlich in der Schale arrangieren, die braune Fleischmischung in die Mitte geben.

10 Mit gehackter Petersilie, Paprika und dem getrennt kleingehackten Eiweiß und Eigelb garnieren.

Auf einem Bett aus Salatblättern anrichten, die kleinen Scheren drum herumlegen, dazu dünngeschnittene Scheiben Vollkornbrot und Butter reichen. Die Mayonnaise extra servieren.

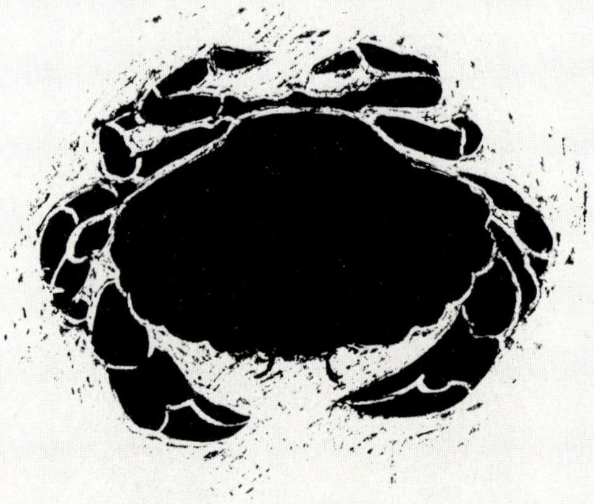

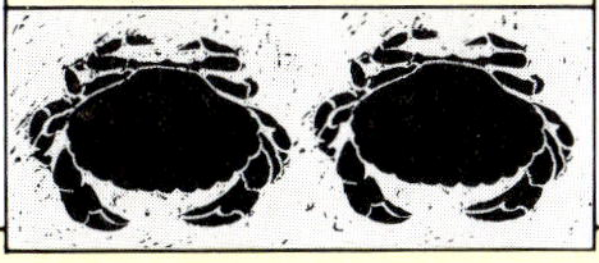

KRABBEN-STRAUSS

Für 4 Personen als Vorspeise
24 große Tiefseekrabben oder Scampis, gekocht
frische Petersilie oder Kresse

1 Die Krabben in einem großen Kelchglas anrichten, mit den gekrümmten Schwänzen über den Glasrand hängen.

2 Die Gläser auf ein Tablett stellen und mit den restlichen Krabben und der Petersilie bzw. Kresse eine Girlande drum herumlegen.

Mit Mayonnaise oder Knoblauchsauce (siehe S. 22) servieren.

GARNELEN-CURRY

Für 4 Personen
2 kleine Kartoffeln, geschält und in Scheiben geschnitten
1 Zwiebel, geschält und feingehackt
2 Knoblauchzehen, zerdrückt
1 – 2 EL Öl
2 EL Currypulver
1 425-g-Dose Tomaten
1 EL Tomatenmark
300 ml Fischbrühe oder Wasser
175 g kleine Champignons
1 Lorbeerblatt
1 Kräutersträußchen
1/2 Blumenkohl, gewaschen und in Röschen zerteilt
350 g Garnelen (Tiefseekrabben)
1 EL Zitronensaft
Salz und frischgemahlener Pfeffer
250 g Langkornreis, gekocht

1 Die Kartoffeln ca. 3 Minuten ankochen. Abgießen und zur Seite stellen.

2 Die Zwiebel und den Knoblauch im Öl einige Minuten garen, bis die Zwiebel glasig ist.

3 Das Currypulver hinzugeben und mit der Zwiebel einige Minuten braten.

4 Die Tomaten, das Tomatenmark, die Fischbrühe bzw. das Wasser und die Pilzstiele dazugeben. Dann die Gewürze. Aufkochen lassen, dann die Flamme herunterschalten.

5 Die vorgekochten Kartoffeln, den Blumenkohl und die ganzen Pilze dazugeben und ca. 25 Minuten auf kleiner Flamme kochen lassen.

Die gekochten Garnelen und den Zitronensaft dazugeben und weitere 10 Minuten auf kleiner Flamme garen. Abschmecken und würzen.

Auf einem Reisbett mit Krabbenbrot und Chutney reichen.

JAKOBSMUSCHELN

Die Jakobsmuschel ist eine zweischalige Muschel. Ihre typische Form ist die fächerartig gebildete Schale. Man kennt sie auch unter ihrer französischen Bezeichnung Coquilles Saint-Jacques.

Beim Kauf der Muscheln sollte man möglichst auch die Schale mitkaufen, weil sie sich vorzüglich zum Servieren der meisten Muschelgerichte eignet. Jeder Fischhändler wird die Muscheln gern säubern. Wenn Sie die Schalenhälften zum Servieren verwenden wollen, das Muschelfleisch herausnehmen und die Schalen innen und außen mit einer harten Bürste gut abbürsten. Kein Spülmittel verwenden, aber gut unter fließendem Wasser abspülen. Bei Wiederverwendung der Schalen diese gut säubern und in einem Topf mit Wasser auskochen. Dann trocknen lassen und in einer Plastiktüte aufbewahren.

JAKOBSMUSCHELN ÜBERBACKEN

Für 4 Personen
8 – 16 Jakobsmuscheln, je nach Größe
25 – 50 g Butter
1 kleine Zwiebel, geschält und kleingehackt, oder 6 Lauchzwiebeln, gesäubert und gehackt
1 Knoblauchzehe, zerdrückt
150 ml Weißwein
150 ml Fischbrühe oder Wasser
1 Lorbeerblatt
1 Kräutersträußchen
Salz und frischgemahlener Pfeffer
20 g Butter
20 g Mehl
1 – 2 EL Sahne
2 EL Semmelbrösel
1 EL Parmesan-Käse, gerieben

1 Die Muscheln in Scheiben schneiden und die Butter in einem Topf zergehen lassen.

2 Die Zwiebeln und den Knoblauch bei kleiner Flamme ca. 3 Minuten garen.

3 Die Muscheln dazugeben, eine weitere Minute garen und dann den Weißwein und die Fischbrühe bzw. das Wasser zusammen mit dem Lorbeerblatt und dem Kräutersträußchen dazugeben. Gut würzen.

4 Zum Kochen bringen, dann die Hitze herunterschalten und ca. 6 Minuten auf kleiner Flamme kochen. Abkühlen lassen.

5 Die Flüssigkeit durchseihen, das Gemüse behalten. Lorbeerblatt und Kräutersträußchen herausnehmen.

6 Acht gesäuberte Muschelschalen mit Kartoffelpüree ausspritzen.

7 Mit der Butter und dem Mehl eine Mehlschwitze machen und mit dem Fischsud auffüllen. Die Sauce abschmecken und würzen, die Sahne dazugeben.

8 Die Zwiebelmischung darunterrühren, dann die Muscheln. Das Ganze auf die Schalenhälften aufteilen.

9 Mit einer Mischung aus Semmelbröseln und Parmesan-Käse bestreuen. Im heißen Backofen oder unter dem Grill überbacken.

Wenn 8 Jakobsmuscheln zubereitet werden, brauchen Sie nur 4 Schalen zum Servieren und 1 EL Sahne. Eine Schalenhälfte reicht für einen Fischgang, zwei für einen Hauptgang.

JAKOBSMUSCHELN MIT CHAMPIGNONS

Für 4 Personen
150 ml trockener Weißwein
150 ml Wasser
1 kleine Zwiebel, abgezogen und in Scheiben geschnitten
4 Pfefferkörner
1 Lorbeerblatt
1 Petersilienstengel
100 g Champignons, gewaschen
50 g Butter
1 mittelgroße Zwiebel, abgezogen und kleingehackt, oder 8 Lauchzwiebeln, gewaschen und gehackt
2 Tomaten, enthäutet und kleingehackt
8 Jakobsmuscheln, gesäubert
20 g Mehl
1 Eigelb
1 EL Sahne
einige Tropfen Zitronensaft
2 EL Semmelbrösel
Zum Garnieren
Zitronenschnitzel
Petersilie
Backofentemperatur 180°C/Gas-Stufe 4

1 Die ersten sechs Zutaten in einen Topf geben, aufkochen und ca. 10 Minuten auf kleiner Flamme weiterkochen lassen.

2 Die Pilzstengel abschneiden und kleinhacken. Die Hüte in Scheiben schneiden, 16 Scheiben zum Garnieren behalten.

3 Zwei EL Butter in einer Pfanne erhitzen und die Zwiebeln und die Champignonstiele auf kleiner Flamme ca. 4 Minuten dünsten. Die Tomaten dazugeben und weitere 3 Minuten garen.

4 Die Muscheln in die durchpassierte Weinmischung geben und bei kleiner Flamme etwa 8 Minuten dünsten. Die Muscheln mit dem Schaumlöffel herausnehmen und die Champignons weitere 2 Minuten garen. Die Flüssigkeit in ein Gefäß durchseihen und bei Bedarf auf 300 ml mit Wein oder Wasser auffüllen.

5 Mit der restlichen Butter und dem Mehl eine Mehlschwitze bereiten, mit dem Fischsud auffüllen. Leicht abkühlen lassen. Etwas Sauce mit dem Eigelb verrühren, dann die Mischung unter die Sauce rühren. Bei kleiner Flamme ca. 1 Minute lang rühren. Etwas abkühlen lassen, die Sahne dazugeben und zuletzt die Champignons.

6 Die Zwiebel-, Champignon- und Tomaten-Mischung auf die Muschelschalen aufteilen — oder in eine Schüssel geben, wenn eine große Portion gereicht wird.

7 Muscheln in die Champignonsauce geben, abschmecken, würzen und ein paar Tropfen Zitronensaft dazugeben. In die Muschelschalen oder die Schüssel geben, mit Semmelbröseln bestreuen und mit den zurückbehaltenen Champignons garnieren. Etwa 10 — 15 Minuten im Backofen garen.

Nach Bedarf kann der Wein durch Milch ersetzt werden. Mit Petersilie und Zitronenschnitzeln garnieren.

JAKOBSMUSCHELN MIT CURRY

1 EL Currypulver zur Zwiebel-Tomaten-Mischung geben und ca. 1 Minute bei großer Hitze braten. Die Mischung unter die Sauce rühren. Beim Curry-Gericht kann der Weißwein durch Wasser oder Fischbrühe ersetzt werden. Mit Zitronenscheiben garnieren.

PAELLA

Für 4 Personen
450 g Kabeljau oder Heilbutt
600 ml Court Bouillon (siehe S. 19)
4 EL Öl
2 Knoblauchzehen, zerdrückt
3 mittelgroße Zwiebeln, abgezogen
350 g Langkornreis
1 Prise Safran oder 1/4 TL Kurkuma (Gelbwurz)
600 ml Fisch- oder Hühnerbrühe
1 rote Paprikaschote, entkernt
1 grüne Paprikaschote, entkernt
150 ml Weißwein und Wasser
650 g Miesmuscheln
175 g Garnelen oder Krabben, gepult
Zum Garnieren
Zitronenschnitzel
1 EL Petersilie, gehackt
4 – 8 große, gekochte Garnelen oder Krabben, nach Wahl

1 Den Fisch ca. 5 Min. in 600 ml Court Bouillon pochieren.

2 Das Öl in eine große Pfanne geben. Knoblauch und 2 von den Zwiebeln (eine in dünne Scheiben geschnitten, die andere feingehackt) ca. 4 Minuten garen, ohne zu bräunen.

3 Den Reis dazugeben und stetig umrühren, bis er sich verfärbt.

4 Den Fisch abgießen, die Brühe aufbewahren. Safran oder Kurkuma an die Brühe geben und über den Reis gießen. Von Zeit zu Zeit bei kleiner Flamme umrühren. Mit Deckel oder Folie abdecken und ca. 10 Minuten garen.

5 Die Paprikaschoten ca. 2 Minuten blanchieren, in feine Würfel schneiden und an den Reis geben. Gut umrühren.

6 In einer anderen Pfanne die dritte feingehackte Zwiebel mit der Wasser-Wein-Mischung und einer guten Prise Pfeffer aufkochen. Die gesäuberten Muscheln hineingeben. Etwa 10 Minuten garen, bis die Muschelschalen geöffnet sind.

7 Die Muscheln abgießen, den Muschelsud an den Reis geben und gut umrühren. Weitere 5 Minuten (oder bis der Reis gar ist) kochen.

8 Fischstücke, Garnelen oder Krabben und die Muscheln dazugeben.

Sofort heiß servieren. Mit Petersilie bestreuen und mit Zitronenschnitzeln garnieren.

GEFÜLLTE ZUCCHINI

Für 2 — 4 Personen
4 Zucchini
100 g Garnelen oder Krabben
1 hartgekochtes Ei
300 ml Béchamel Sauce (siehe S. 18)
1 EL Parmesan-Käse, gerieben
Backofentemperatur 180°C/Gas-Stufe 4

1 Die Zucchini der Länge nach einschneiden, ein Teil des Fruchtfleisches herausnehmen und feinhacken.

2 Die Zucchini 2 Minuten in kochendem Salzwasser blanchieren.

3 Die Garnelen oder Krabben, das feingehackte Ei und die feingehackte Zucchini an die Béchamel Sauce geben.

4 Die Zucchini mit der Mischung füllen und mit Parmesan-Käse bestreuen. Im Ofen 15 — 20 Minuten backen.

Mit dieser Mischung kann man ebenfalls 2 blanchierte Paprikaschoten füllen.

KREBSSUPPE

Für 4 Personen
24 große Garnelen oder Shrimps
25 g Butter
1 mittelgroße Zwiebel, abgezogen und gewürfelt
1 Möhre, geschält und in Würfel geschnitten
frischer oder 1/4 TL getrockneter Thymian
1 Lorbeerblatt
1 Kräutersträußchen
3 Petersilienstengel
2 EL Cognac
4 EL Weißwein
1 l Wasser oder Fischbrühe
25 g Butter
25 g Mehl
Salz und frischgemahlener Pfeffer
4 EL Sahne

1 Die Garnelen gründlich säubern und waschen. Die Schalen abmachen, die gepulten Garnelen beiseitelegen. Die Schalen in einer Plastiktüte mit einem Nudelholz zermahlen.

2 Butter in einer Pfanne zerlassen, Zwiebel und Möhre bei kleiner Flamme ca. 5 Minuten garen, dann 8 Garnelen oder Shrimps dazugeben.

3 Thymian, Lorbeerblatt, Kräutersträußchen und Petersilie am Pfannenrand mitgaren.

4 Den Cognac in einer Schöpfkelle erhitzen, flambieren und über Gemüse und Garnelen gießen. Mit Weißwein auffüllen und etwa 2 Minuten auf kleiner Flamme weiterkochen.

5 Mit der Fischbrühe übergießen und die zermahlenen Garnelenschalen dazugeben. Aufkochen und dann ca. 35 Minuten auf kleiner Flamme kochen.

6 Butter und Mehl zu einer Paste verkneten, kleine Bälle formen.

7 Die Suppe durch ein Sieb seihen, dann wieder in den Topf geben. Bei kleiner Flamme und unter stetigem Rühren die Mehl-Butter-Bällchen dazugeben, bis die Suppe dicklich wird. Abschmecken und würzen. Während der letzten 5 Minuten Garzeit die restlichen Garnelen dazugeben. Die Sahne erst kurz vor dem Servieren darunterrühren.

VARIATION

Hummer- oder Krebsschalen zermahlen, aufkochen und mit dem Gemüse garen. Weitere Zubereitung wie oben. Wenn kein frischer Hummer übriggeblieben ist, kann auch Hummerfleisch aus der Dose genommen oder die Suppe kann ohne Hummerfleisch serviert werden.

Gefüllte Zucchini

INDEX